T&P BOOKS

I0170381

BIELORRUSSO

VOCABULÁRIO

PALAVRAS MAIS ÚTEIS

PORTUGUÊS BIELORRUSSO

Para alargar o seu léxico e apurar as suas competências linguísticas

3000 palavras

Vocabulário Português-Bielorrusso - 3000 palavras
Por Andrey Taranov

Os vocabulários da T&P Books destinam-se a ajudar a aprender, a memorizar, e a rever palavras estrangeiras. O dicionário é dividido em temas, cobrindo todas as principais esferas de atividades quotidianas, negócios, ciência, cultura, etc.

O processo de aprendizagem, utilizando os dicionários baseados em temáticas da T&P Books dá-lhe as seguintes vantagens:

- Informação de origem corretamente agrupada predetermina o sucesso em fases subsequentes da memorização de palavras
- Disponibilização de palavras derivadas da mesma raiz, o que permite a memorização de unidades de texto (em vez de palavras separadas)
- Pequenas unidades de palavras facilitam o processo de estabelecimento de vínculos associativos necessários para a consolidação do vocabulário
- O nível de conhecimento da língua pode ser estimado pelo número de palavras aprendidas

T&P Books Publishing
www.tpbooks.com

ISBN: 978-1-78400-945-8

Este livro também está disponível em formato E-book.
Por favor visite www.tpbooks.com ou as principais livrarias on-line.

VOCABULÁRIO BIELORRUSSO
palavras mais úteis

Os vocabulários da T&P Books destinam-se a ajudar a aprender, a memorizar, e a rever palavras estrangeiras. O vocabulário contém mais de 3000 palavras de uso comum organizadas tematicamente.

O vocabulário contém as palavras mais comummente usadas

Recomendado como adicional para qualquer curso de línguas

Satisfaz as necessidades dos iniciados e dos alunos avançados de línguas estrangeiras

Conveniente para o uso diário, sessões de revisão e atividades de auto-teste

Permite avaliar o seu vocabulário

Características especias do vocabulário

- As palavras estão organizadas de acordo com o seu significado, e não por ordem alfabética
- As palavras são apresentadas em três colunas para facilitar os processos de revisão e auto-teste
- As palavras compostas são divididas em pequenos blocos para facilitar o processo de aprendizagem
- O vocabulário oferece uma transcrição simples e adequada de cada palavra estrangeira

O vocabulário contém 101 tópicos incluindo:

Conceitos básicos, Números, Cores, Meses, Estações do ano, Unidades de medida, Roupas & Acessórios, Alimentos & Nutrição, Restaurante, Membros da Família, Parentes, Caráter, Sentimentos, Emoções, Doenças, Cidade, Passeios, Compras, Dinheiro, Casa, Lar, Escritório, Trabalho no Escritório, Importação & Exportação, Marketing, Pesquisa de Emprego, Desportos, Educação, Computador, Internet, Ferramentas, Natureza, Países, Nacionalidades e muito mais ...

TABELA DE CONTEÚDOS

GUIA DE PRONUNCIAÇÃO

Letra	Exemplo Bielorrusso	Alfabeto fonético T&P	Exemplo Português
А а	Англія	[a]	chamar
Б б	бульба	[b]	barril
В в	вечар	[v]	fava
Г г	галава	[ɦ]	agora
Д д	дзіця	[d]	dentista
Дж дж	джаз	[ʤ]	adjetivo
Е е	метр	[ɛ]	mesquita
Ё ё	вясёлы	[jɔ]	ioga
Ж ж	жыццё	[ʒ]	talvez
З з	заўтра	[z]	sésamo
І і	нізкі	[i]	sinónimo
Й й	англійскі	[j]	géiser
К к	красавік	[k]	kiwi
Л л	лінія	[l]	libra
М м	камень	[m]	magnólia
Н н	Новы год	[n]	natureza
О о	опера	[ɔ]	emboço
П п	піва	[p]	presente
Р р	морква	[r]	riscar
С с	соль	[s]	sanita
Т т	трус	[t]	tulipa
У у	ізумруд	[u]	bonita
Ў ў	каўбаса	[w]	página web
Ф ф	футра	[f]	safári
Х х	захад	[h]	[h] aspirada
Ц ц	цэнтр	[ʦ]	tsé-tsé
Ч ч	пачатак	[ʧ], [ɕ]	Tchau!
Ш ш	штодня	[ʃ]	mês
Ь ь	попельніца	[ʲ]	sinal suave
Ы ы	рыжы	[ɨ]	sinónimo
'	сузор'е	[ˀ]	sinal forte
Э э	Грэцыя	[ɛ]	mesquita
Ю ю	плюс	[ʉ]	nacional
Я я	трусяня	[ja], [ʲa]	Himalaias

Combinações de letras

дз	дзень	[ʣ]	pizza
дзь	лебедзь	[ʥ]	tajique
дж	джаз	[ʤ]	adjetivo

ABREVIATURAS
usadas no vocabulário

Abreviaturas do Português

adj - adjetivo
adv - advérbio
anim. - animado
conj. - conjunção
desp. - desporto
etc. - etecetra
ex. - por exemplo
f - nome feminino
f pl - feminino plural
fem. - feminino
inanim. - inanimado
m - nome masculino
m pl - masculino plural
m, f - masculino, feminino
masc. - masculino
mat. - matemática
mil. - militar
pl - plural
prep. - preposição
pron. - pronome
sb. - sobre
sing. - singular
v aux - verbo auxiliar
vi - verbo intransitivo
vi, vt - verbo intransitivo, transitivo
vr - verbo reflexivo
vt - verbo transitivo

Abreviaturas do Bielorrusso

ж - nome feminino
ж мн - feminino plural
м - nome masculino
м мн - masculino plural
м, ж - masculino, feminino
мн - plural
н - neutro
н мн - neutro plural

CONCEITOS BÁSICOS

1. Pronomes

eu	**я**	[ʲa]
tu	**ты**	[tɨ]
ele	**ён**	[ʲon]
ela	**яна**	[ʲa'na]
ele, ela (neutro)	**яно**	[ʲa'nɔ]
nós	**мы**	['mɨ]
vocês	**вы**	['vɨ]
eles, elas	**яны**	[ʲa'nɨ]

2. Cumprimentos. Saudações

Olá!	**Вітаю!**	[vi'taʉ]
Bom dia! (formal)	**Вітаю вас!**	[vi'taʉ vas]
Bom dia! (de manhã)	**Добрай раніцы!**	[dɔbraj 'ranitsɨ]
Boa tarde!	**Добры дзень!**	[dɔbrɨ 'dzenʲ]
Boa noite!	**Добры вечар!**	[dɔbrɨ 'vetʃar]
cumprimentar (vt)	**вітацца**	[vi'tatsa]
Olá!	**Прывітанне!**	[prɨvi'tanne]
saudação (f)	**прывітанне** (н)	[prɨvi'tanne]
saudar (vt)	**вітаць**	[vi'tatsʲ]
Como vai?	**Як маецеся?**	[ʲak 'maetsesʲa]
O que há de novo?	**Што новага?**	[ʃtɔ 'nɔvaɦa]
Até à vista!	**Да пабачэння!**	[da paba'tʃɛnnʲa]
Adeus! (formal)	**Да пабачэння!**	[da paba'tʃɛnnʲa]
Até à vista! (informal)	**Бывай!**	[bɨ'vaj]
Até breve!	**Да хуткай сустрэчы!**	[da 'hutkaj sus'trɛtʃɨ]
Adeus! (sing.)	**Бывай!**	[bɨ'vaj]
Adeus! (pl)	**Бывайце!**	[bɨ'vajtse]
despedir-se (vr)	**развітвацца**	[raz'vitvatsa]
Até logo!	**Пакуль!**	[pa'kulʲ]
Obrigado! -a!	**Дзякуй!**	['dzʲakuj]
Muito obrigado! -a!	**Вялікі дзякуй!**	[vʲa'liki 'dzʲakuj]
De nada	**Калі ласка.**	[ka'li 'laska]
Não tem de quê	**Не варта падзякі**	[nʲa 'varta pa'dzʲaki]
De nada	**Няма за што.**	[nʲa'ma za 'ʃtɔ]
Desculpa!	**Прабач!**	[pra'batʃ]
Desculpe!	**Прабачце!**	[pra'batʃtse]
desculpar (vt)	**прабачаць**	[praba'tʃatsʲ]

desculpar-se (vr)	**прасіць прабачэння**	[pra'sits' praba'tʃɛnn'a]
As minhas desculpas	**Прашу прабачэння**	[pra'ʃu praba'tʃɛnn'a]
Desculpe!	**Выбачайце!**	[vɨba'tʃajtse]
perdoar (vt)	**выбачаць**	[vɨba'tʃats']
Não faz mal	**Нічога страшнага.**	[ni'tʃɔɣa 'straʃnaɣa]
por favor	**калі ласка**	[ka'li 'laska]
Não se esqueça!	**Не забудзьце!**	[ne za'buts'e]
Certamente! Claro!	**Вядома!**	[v'a'dɔma]
Claro que não!	**Вядома, не!**	[v'a'dɔma, 'ne]
Está bem! De acordo!	**Згодзен!**	['zɦɔdzen]
Basta!	**Хопіць!**	['hɔpits']

3. Questões

Quem?	**Хто?**	['htɔ]
Que?	**Што?**	['ʃtɔ]
Onde?	**Дзе?**	['dze]
Para onde?	**Куды?**	[ku'dɨ]
De onde?	**Адкуль?**	[at'kul']
Quando?	**Калі?**	[ka'li]
Para quê?	**Навошта?**	[na'vɔʃta]
Porquê?	**Чаму?**	[tʃa'mu]
Para quê?	**Для чаго?**	[dl'a tʃa'ɦɔ]
Como?	**Як?**	['jak]
Qual?	**Які?**	[ja'ki]
Qual? (entre dois ou mais)	**Каторы?**	[ka'tɔrɨ]
A quem?	**Каму?**	[ka'mu]
Sobre quem?	**Пра каго?**	[pra ka'ɦɔ]
Do quê?	**Пра што?**	[pra 'ʃtɔ]
Com quem?	**З кім?**	[s kim]
Quanto, -os, -as?	**Колькі?**	['kɔl'ki]
De quem? (masc.)	**Чый?**	['tʃɨj]
De quem são? (pl)	**Чые?**	[tʃɨe?]

4. Preposições

com (prep.)	**з**	[z]
sem (prep.)	**без**	['bes]
a, para (exprime lugar)	**у**	[u]
sobre (ex. falar ~)	**аб**	[ap]
antes de …	**перад**	['perat]
diante de …	**перад …**	['perat …]
sob (debaixo de)	**пад**	['pat]
sobre (em cima de)	**над**	['nat]
sobre (~ a mesa)	**на**	[na]
de (vir ~ Lisboa)	**з**	[z]
de (feito ~ pedra)	**з**	[z]

dentro de (~ dez minutos)	**праз**	['pras]
por cima de ...	**праз**	['pras]

5. Palavras funcionais. Advérbios. Parte 1

Onde?	**Дзе?**	['ʣe]
aqui	**тут**	['tut]
lá, ali	**там**	['tam]
em algum lugar	**дзесьці**	['ʣesʲʦi]
em lugar nenhum	**нідзе**	[ni'ʣe]
ao pé de ...	**ля ...**	[lʲa ...]
ao pé da janela	**ля акна**	[lʲa ak'na]
Para onde?	**Куды?**	[ku'dɨ]
para cá	**сюды**	[sʉ'dɨ]
para lá	**туды**	[tu'dɨ]
daqui	**адсюль**	[a'ʦʉlʲ]
de lá, dali	**адтуль**	[at'tulʲ]
perto	**блізка**	['bliska]
longe	**далёка**	[da'lʲoka]
perto de ...	**каля**	[ka'lʲa]
ao lado de	**побач**	['pɔbaʧ]
perto, não fica longe	**недалёка**	[neda'lʲoka]
esquerdo	**левы**	['levɨ]
à esquerda	**злева**	['zleva]
para esquerda	**налева**	[na'leva]
direito	**правы**	['pravɨ]
à direita	**справа**	['sprava]
para direita	**направа**	[na'prava]
à frente	**спераду**	['speradu]
da frente	**пярэдні**	[pʲa'rɛdni]
em frente (para a frente)	**наперад**	[na'perat]
atrás de ...	**ззаду**	['zzadu]
por detrás (vir ~)	**ззаду**	['zzadu]
para trás	**назад**	[na'zat]
meio (m), metade (f)	**сярэдзіна** (ж)	[sʲa'rɛʣina]
no meio	**пасярэдзіне**	[pasʲa'rɛʣine]
de lado	**збоку**	['zbɔku]
em todo lugar	**усюды**	[u'sʉdɨ]
ao redor (olhar ~)	**навакол**	[nava'kɔl]
de dentro	**знутры**	[znu'trɨ]
para algum lugar	**кудысьці**	[ku'dɨsʲʦi]
diretamente	**наўпрост**	[naw'prɔst]
de volta	**назад**	[na'zat]

de algum lugar	**адкуль-небудзь**	[at'kulʲ 'nebutsʲ]
de um lugar	**аднекуль**	[ad'nekulʲ]
em primeiro lugar	**па-першае**	[pa 'perʃae]
em segundo lugar	**па-другое**	[pa dru'ɦɔe]
em terceiro lugar	**па-трэцяе**	[pa 'trɛtsʲae]
de repente	**раптам**	['raptam]
no início	**напачатку**	[napa'ʧatku]
pela primeira vez	**упершыню**	[uperʃɨ'nʉ]
muito antes de ...	**задоўга да ...**	[za'dɔwɦa da ...]
de novo, novamente	**нанава**	['nanava]
para sempre	**назусім**	[nazu'sim]
nunca	**ніколі**	[ni'kɔli]
de novo	**зноўку**	['znɔwku]
agora	**цяпер**	[tsʲa'per]
frequentemente	**часта**	['ʧasta]
então	**тады**	[ta'dɨ]
urgentemente	**тэрмінова**	[tɛrmi'nɔva]
usualmente	**звычайна**	[zvɨ'ʧajna]
a propósito, ...	**дарэчы, ...**	[da'rɛʧɨ, ...]
é possível	**магчыма**	[maɦ'ʧɨma]
provavelmente	**напэўна**	[na'pɛwna]
talvez	**мабыць**	['mabɨtsʲ]
além disso, ...	**акрамя таго, ...**	[akra'mʲa ta'ɦɔ, ...]
por isso ...	**таму ...**	[ta'mu ...]
apesar de ...	**нягледзячы на ...**	[nʲaɦ'ledzʲaʧɨ na ...]
graças a ...	**дзякуючы ...**	['dzʲakuʉʧɨ ...]
que (pron.)	**што**	['ʃtɔ]
que (conj.)	**што**	['ʃtɔ]
algo	**нешта**	['neʃta]
alguma coisa	**што-небудзь**	[ʃtɔ'nebutsʲ]
nada	**нічога**	[ni'ʧɔɦa]
quem	**хто**	['htɔ]
alguém (~ teve uma ideia ...)	**хтосьці**	['htɔsʲtsi]
alguém	**хто-небудзь**	[htɔ'nebutsʲ]
ninguém	**ніхто**	[nih'tɔ]
para lugar nenhum	**нікуды**	[ni'kudɨ]
de ninguém	**нічый**	[ni'ʧɨj]
de alguém	**чый-небудзь**	[ʧɨj'nebutsʲ]
tão	**так**	['tak]
também (gostaria ~ de ...)	**таксама**	[tak'sama]
também (~ eu)	**таксама**	[tak'sama]

6. Palavras funcionais. Advérbios. Parte 2

Porquê?	**Чаму?**	[ʧa'mu]
por alguma razão	**чамусьці**	[ʧa'musʲtsi]

porque ...	**бо ...**	[bɔ ...]
por qualquer razão	**наштосьці**	[naʃ'tɔsʲʦi]
e (tu ~ eu)	**і**	[i]
ou (ser ~ não ser)	**або**	[a'bɔ]
mas (porém)	**але**	[a'le]
para (~ a minha mãe)	**для**	['dlʲa]
demasiado, muito	**занадта**	[za'natta]
só, somente	**толькі**	['tɔlʲki]
exatamente	**дакладна**	[da'kladna]
cerca de (~ 10 kg)	**каля**	[ka'lʲa]
aproximadamente	**прыблізна**	[prɨb'lizna]
aproximado	**прыблізны**	[prɨb'liznɨ]
quase	**амаль**	[a'malʲ]
resto (m)	**астатняе** (н)	[as'tatnʲae]
o outro (segundo)	**другі**	[dru'ɦi]
outro	**другі, іншы**	[dru'ɦi, in'ʃɨ]
cada	**кожны**	['kɔʒnɨ]
qualquer	**любы**	[lʉ'bɨ]
muito	**шмат**	['ʃmat]
muitas pessoas	**многія**	['mnɔɦiʲa]
todos	**усе**	[u'se]
em troca de ...	**у абмен на ...**	[u ab'men na ...]
em troca	**наўзамен**	[nawza'men]
à mão	**уручную**	[uruʧ'nuʉ]
pouco provável	**наўрад ці**	[naw'raʦi]
provavelmente	**пэўна**	['pɛwna]
de propósito	**знарок**	[zna'rɔk]
por acidente	**выпадкова**	[vɨpat'kɔva]
muito	**вельмі**	['velʲmi]
por exemplo	**напрыклад**	[na'prɨklat]
entre	**між**	['miʃ]
entre (no meio de)	**сярод**	[sʲa'rɔt]
tanto	**столькі**	['stɔlʲki]
especialmente	**асабліва**	[asa'bliva]

NÚMEROS. DIVERSOS

7. Números cardinais. Parte 1

zero	**нуль** (м)	['nulʲ]
um	**адзін**	[a'dzin]
dois	**два**	['dva]
três	**тры**	['trɨ]
quatro	**чатыры**	[ʧa'tɨrɨ]
cinco	**пяць**	['pʲaʦʲ]
seis	**шэсць**	['ʃɛsʦʲ]
sete	**сем**	['sem]
oito	**восем**	['vɔsem]
nove	**дзевяць**	['dzevʲaʦʲ]
dez	**дзесяць**	['dzesʲaʦʲ]
onze	**адзінаццаць**	[adzi'naʦaʦʲ]
doze	**дванаццаць**	[dva'naʦaʦʲ]
treze	**трынаццаць**	[trɨ'naʦaʦʲ]
catorze	**чатырнаццаць**	[ʧatɨr'naʦaʦʲ]
quinze	**пятнаццаць**	[pʲat'naʦaʦʲ]
dezasseis	**шаснаццаць**	[ʃas'naʦaʦʲ]
dezassete	**семнаццаць**	[sʲam'naʦaʦʲ]
dezoito	**васемнаццаць**	[vasʲam'naʦaʦʲ]
dezanove	**дзевятнаццаць**	[dzevʲat'naʦaʦʲ]
vinte	**дваццаць**	['dvaʦaʦʲ]
vinte e um	**дваццаць адзін**	[dvaʦaʦʲ a'dzin]
vinte e dois	**дваццаць два**	[dvaʦaʦʲ 'dva]
vinte e três	**дваццаць тры**	[dvaʦaʦʲ 'trɨ]
trinta	**трыццаць**	['trɨʦaʦʲ]
trinta e um	**трыццаць адзін**	[trɨʦaʦʲ a'dzin]
trinta e dois	**трыццаць два**	[trɨʦaʦʲ 'dva]
trinta e três	**трыццаць тры**	[trɨʦaʦʲ 'trɨ]
quarenta	**сорак**	['sɔrak]
quarenta e um	**сорак адзін**	[sɔrak a'dzin]
quarenta e dois	**сорак два**	[sɔrak 'dva]
quarenta e três	**сорак тры**	[sɔrak 'trɨ]
cinquenta	**пяцьдзесят**	[pʲadzʲa'sʲat]
cinquenta e um	**пяцьдзесят адзін**	[pʲadzʲa'sʲat a'dzin]
cinquenta e dois	**пяцьдзесят два**	[pʲadzʲa'sʲat 'dva]
cinquenta e três	**пяцьдзесят тры**	[pʲadzʲa'sʲat 'trɨ]
sessenta	**шэсцьдзесят**	['ʃɛzʲdzesʲat]
sessenta e um	**шэсцьдзесят адзін**	[ʃɛzʲdzesʲat a'dzin]

sessenta e dois	**шэсцьдзесят два**	[ʃɛzʲdzesʲat 'dva]
sessenta e três	**шэсцьдзесят тры**	[ʃɛzʲdzesʲat 'trɨ]
setenta	**семдзесят**	['semdzesʲat]
setenta e um	**семдзесят адзін**	[semdzesʲat a'dzin]
setenta e dois	**семдзесят два**	[semdzesʲat 'dva]
setenta e três	**семдзесят тры**	[semdzesʲat 'trɨ]
oitenta	**восемдзесят**	['vɔsemdzesʲat]
oitenta e um	**восемдзесят адзін**	[vɔsemdzesʲat a'dzin]
oitenta e dois	**восемдзесят два**	[vɔsemdzesʲat 'dva]
oitenta e três	**восемдзесят тры**	[vɔsemdzesʲat 'trɨ]
noventa	**дзевяноста**	[dzevʲa'nɔsta]
noventa e um	**дзевяноста адзін**	[dzevʲa'nɔsta a'dzin]
noventa e dois	**дзевяноста два**	[dzevʲa'nɔsta 'dva]
noventa e três	**дзевяноста тры**	[dzevʲa'nɔsta 'trɨ]

8. Números cardinais. Parte 2

cem	**сто**	['stɔ]
duzentos	**дзвесце**	[dzj'vesʲtse]
trezentos	**трыста**	['trɨsta]
quatrocentos	**чатырыста**	[ʧa'tɨrɨsta]
quinhentos	**пяцьсот**	[pʲats'sɔt]
seiscentos	**шэсцьсот**	[ʃɛstsʲ'sɔt]
setecentos	**семсот**	[sem'sɔt]
oitocentos	**восемсот**	[vɔsem'sɔt]
novecentos	**дзевяцьсот**	[dzevʲatsʲ'sɔt]
mil	**тысяча**	['tɨsʲaʧa]
dois mil	**дзве тысячы**	['dzʲve 'tɨsʲaʧɨ]
De quem são ...?	**тры тысячы**	['trɨ 'tɨsʲaʧɨ]
dez mil	**дзесяць тысяч**	['dzesʲatsʲ 'tɨsʲaʧ]
cem mil	**сто тысяч**	['stɔ 'tɨsʲaʧ]
um milhão	**мільён** (м)	[mi'ljɔn]
mil milhões	**мільярд** (м)	[mi'lʲart]

9. Números ordinais

primeiro	**першы**	['perʃɨ]
segundo	**другі**	[dru'ɦi]
terceiro	**трэці**	['trɛtsi]
quarto	**чацвёрты**	[ʧats'vʲortɨ]
quinto	**пяты**	['pʲatɨ]
sexto	**шосты**	['ʃɔstɨ]
sétimo	**сёмы**	['sʲomɨ]
oitavo	**восьмы**	['vɔsʲmɨ]
nono	**дзевяты**	[dzʲa'vʲatɨ]
décimo	**дзесяты**	[dzʲa'sʲatɨ]

CORES. UNIDADES DE MEDIDA

10. Cores

cor (f)	**колер** (м)	['kɔler]
matiz (m)	**адценне** (н)	[a'ʦenne]
tom (m)	**тон** (м)	['tɔn]
arco-íris (m)	**вясёлка** (ж)	[vʲa'sʲolka]
branco	**белы**	['belɨ]
preto	**чорны**	['ʧɔrnɨ]
cinzento	**шэры**	['ʃɛrɨ]
verde	**зялёны**	[zʲa'lʲonɨ]
amarelo	**жоўты**	['ʒɔwtɨ]
vermelho	**чырвоны**	[ʧɨr'vɔnɨ]
azul	**сіні**	['sini]
azul claro	**блакітны**	[bla'kitnɨ]
rosa	**ружовы**	[ru'ʒɔvɨ]
laranja	**аранжавы**	[a'ranʒavɨ]
violeta	**фіялетавы**	[fiʲa'letavɨ]
castanho	**карычневы**	[ka'rɨʧnevɨ]
dourado	**залаты**	[zala'tɨ]
prateado	**серабрысты**	[sera'brɨstɨ]
bege	**бэжавы**	['bɛʒavɨ]
creme	**крэмавы**	['krɛmavɨ]
turquesa	**бірузовы**	[biru'zɔvɨ]
vermelho cereja	**вішнёвы**	[viʃ'nʲovɨ]
lilás	**ліловы**	[li'lɔvɨ]
carmesim	**малінавы**	[ma'linavɨ]
claro	**светлы**	['svetlɨ]
escuro	**цёмны**	['ʦʲomnɨ]
vivo	**яркі**	['ʲarki]
de cor	**каляровы**	[kalʲa'rɔvɨ]
a cores	**каляровы**	[kalʲa'rɔvɨ]
preto e branco	**чорна-белы**	[ʧɔrna 'belɨ]
unicolor	**аднакаляровы**	[adnakalʲa'rɔvɨ]
multicor	**рознакаляровы**	[rɔznakalʲa'rɔvɨ]

11. Unidades de medida

peso (m)	**вага** (ж)	[va'ɦa]
comprimento (m)	**даўжыня** (ж)	[dawʒɨ'nʲa]

largura (f)	**шырыня** (ж)	[ʃirɨ'nʲa]
altura (f)	**вышыня** (ж)	[vɨʃɨ'nʲa]
profundidade (f)	**глыбіня** (ж)	[ɦlɨbi'nʲa]
volume (m)	**аб'ём** (м)	[a'bʔʲom]
área (f)	**плошча** (ж)	['plɔʃɕa]
grama (m)	**грам** (м)	['ɦram]
miligrama (m)	**міліграм** (м)	[mili'ɦram]
quilograma (m)	**кілаграм** (м)	[kila'ɦram]
tonelada (f)	**тона** (ж)	['tɔna]
libra (453,6 gramas)	**фунт** (м)	['funt]
onça (f)	**унцыя** (ж)	['unʦɨʲa]
metro (m)	**метр** (м)	['metr]
milímetro (m)	**міліметр** (м)	[mili'metr]
centímetro (m)	**сантыметр** (м)	[santɨ'metr]
quilómetro (m)	**кіламетр** (м)	[kila'metr]
milha (f)	**міля** (ж)	['milʲa]
polegada (f)	**цаля** (ж)	['ʦalʲa]
pé (304,74 mm)	**фут** (м)	['fut]
jarda (914,383 mm)	**ярд** (м)	['ʲart]
metro (m) quadrado	**квадратны метр** (м)	[kvad'ratnɨ 'metr]
hectare (m)	**гектар** (м)	[ɦek'tar]
litro (m)	**літр** (м)	['litr]
grau (m)	**градус** (м)	['ɦradus]
volt (m)	**вольт** (м)	['vɔlʲt]
ampere (m)	**ампер** (м)	[am'per]
cavalo-vapor (m)	**конская сіла** (ж)	[kɔnskaʲa 'sila]
quantidade (f)	**колькасць** (ж)	['kɔlʲkasʦʲ]
um pouco de ...	**нямнога ...**	[nʲam'nоɦa ...]
metade (f)	**палова** (ж)	[pa'lɔva]
dúzia (f)	**тузін** (м)	['tuzin]
peça (f)	**штука** (ж)	['ʃtuka]
dimensão (f)	**памер** (м)	[pa'mer]
escala (f)	**маштаб** (м)	[maʃ'tap]
mínimo	**мінімальны**	[mini'malʲnɨ]
menor, mais pequeno	**найменшы**	[naj'menʃɨ]
médio	**сярэдні**	[sʲa'rɛdni]
máximo	**максімальны**	[maksi'malʲnɨ]
maior, mais grande	**найбольшы**	[naj'bɔlʲʃɨ]

12. Recipientes

boião (m) de vidro	**слоік** (м)	['slɔik]
lata (~ de cerveja)	**бляшанка** (ж)	[blʲa'ʃanka]
balde (m)	**вядро** (н)	[vʲa'drɔ]
barril (m)	**бочка** (ж)	['bɔʧka]
bacia (~ de plástico)	**таз** (м)	['tas]

tanque (m)	**бак** (м)	['bak]
cantil (m) de bolso	**біклажка** (ж)	[bik'laʃka]
bidão (m) de gasolina	**каністра** (ж)	[ka'nistra]
cisterna (f)	**цыстэрна** (ж)	[ʦɨs'tɛrna]
caneca (f)	**кубак** (м)	['kubak]
chávena (f)	**кубак** (м)	['kubak]
pires (m)	**сподак** (м)	['spɔdak]
copo (m)	**шклянка** (ж)	['ʃklʲanka]
taça (f) de vinho	**келіх** (м)	['kelih]
panela, caçarola (f)	**рондаль** (м)	['rɔndalʲ]
garrafa (f)	**бутэлька** (ж)	[bu'tɛlʲka]
gargalo (m)	**рыльца** (н)	['rɨlʲʦa]
jarro, garrafa (f)	**графін** (м)	[ɦra'fin]
jarro (m) de barro	**збан** (м)	['zban]
recipiente (m)	**пасудзіна** (ж)	[pa'suʤina]
pote (m)	**гаршчок** (м)	[ɦar'ʃɕɔk]
vaso (m)	**ваза** (ж)	['vaza]
frasco (~ de perfume)	**флакон** (м)	[fla'kɔn]
frasquinho (ex. ~ de iodo)	**бутэлечка** (ж)	[bu'tɛleʧka]
tubo (~ de pasta dentífrica)	**цюбік** (м)	['ʦʉbik]
saca (ex. ~ de açúcar)	**мяшок** (м)	[mʲa'ʃɔk]
saco (~ de plástico)	**пакет** (м)	[pa'ket]
maço (m)	**пачак** (м)	['paʧak]
caixa (~ de sapatos, etc.)	**каробка** (ж)	[ka'rɔpka]
caixa (~ de madeira)	**скрынка** (ж)	['skrɨnka]
cesta (f)	**кош** (м)	['kɔʃ]

VERBOS PRINCIPAIS

13. Os verbos mais importantes. Parte 1

abrir (vt)	**адчыняць**	[atʃɨ'nʲatsʲ]
acabar, terminar (vt)	**заканчваць**	[za'kantʃvatsʲ]
aconselhar (vt)	**раіць**	['raitsʲ]
adivinhar (vt)	**адгадаць**	[adɦa'datsʲ]
advertir (vt)	**папярэджваць**	[papʲa'rɛdʒvatsʲ]
ajudar (vt)	**дапамагаць**	[dapama'ɦatsʲ]
almoçar (vi)	**абедаць**	[a'bedatsʲ]
alugar (~ um apartamento)	**наймаць**	[naj'matsʲ]
amar (vt)	**кахаць**	[ka'hatsʲ]
ameaçar (vt)	**пагражаць**	[paɦra'ʒatsʲ]
anotar (escrever)	**запісваць**	[za'pisvatsʲ]
apanhar (vt)	**лавіць**	[la'vitsʲ]
apressar-se (vr)	**спяшацца**	[spʲa'ʃatsa]
arrepender-se (vr)	**шкадаваць**	[ʃkada'vatsʲ]
assinar (vt)	**падпісваць**	[pat'pisvatsʲ]
atirar, disparar (vi)	**страляць**	[stra'lʲatsʲ]
brincar (vi)	**жартаваць**	[ʒarta'vatsʲ]
brincar, jogar (crianças)	**гуляць**	[ɦu'lʲatsʲ]
buscar (vt)	**шукаць ...**	[ʃu'katsʲ ...]
caçar (vi)	**паляваць**	[palʲa'vatsʲ]
cair (vi)	**падаць**	['padatsʲ]
cavar (vt)	**капаць**	[ka'patsʲ]
cessar (vt)	**спыняць**	[spɨ'nʲatsʲ]
chamar (~ por socorro)	**клікаць**	['klikatsʲ]
chegar (vi)	**прыязджаць**	[prɨʲaʒ'dʒatsʲ]
chorar (vi)	**плакаць**	['plakatsʲ]
começar (vt)	**пачынаць**	[patʃɨ'natsʲ]
comparar (vt)	**параўноўваць**	[paraw'nɔwvatsʲ]
compreender (vt)	**разумець**	[razu'metsʲ]
concordar (vi)	**згаджацца**	[zɦa'dʒatsa]
confiar (vt)	**давяраць**	[davʲa'ratsʲ]
confundir (equivocar-se)	**блытаць**	['blɨtatsʲ]
conhecer (vt)	**ведаць**	['vedatsʲ]
contar (fazer contas)	**лічыць**	[li'tʃɨtsʲ]
contar com (esperar)	**разлічваць на ...**	[raz'litʃvatsʲ na ...]
continuar (vt)	**працягваць**	[pra'tsʲaɦvatsʲ]
controlar (vt)	**кантраляваць**	[kantralʲa'vatsʲ]
convidar (vt)	**запрашаць**	[zapra'ʃatsʲ]
correr (vi)	**бегчы**	['beɦtʃɨ]

criar (vt)	**стварыць**	[stva'rɨʦʲ]
custar (vt)	**каштаваць**	[kaʃta'vaʦʲ]

14. Os verbos mais importantes. Parte 2

dar (vt)	**даваць**	[da'vaʦʲ]
dar uma dica	**падказаць**	[patka'zaʦʲ]
decorar (enfeitar)	**упрыгожваць**	[uprɨ'ɦɔʒvaʦʲ]
defender (vt)	**абараняць**	[abara'nʲaʦʲ]
deixar cair (vt)	**упускаць**	[upus'kaʦʲ]
descer (para baixo)	**спускацца**	[spu'skaʦa]
desculpar (vt)	**прабачаць**	[praba'ʧaʦʲ]
desculpar-se (vr)	**прасіць прабачэння**	[pra'siʦʲ praba'ʧɛnnʲa]
dirigir (~ uma empresa)	**кіраваць**	[kira'vaʦʲ]
discutir (notícias, etc.)	**абмяркоўваць**	[abmʲar'kɔwvaʦʲ]
dizer (vt)	**сказаць**	[ska'zaʦʲ]
duvidar (vt)	**сумнявацца**	[sumnʲa'vaʦa]
encontrar (achar)	**знаходзіць**	[zna'hɔʣiʦʲ]
enganar (vt)	**падманваць**	[pad'manvaʦʲ]
entrar (na sala, etc.)	**уваходзіць**	[uva'hɔʣiʦʲ]
enviar (uma carta)	**адпраўляць**	[atpraw'lʲaʦʲ]
errar (equivocar-se)	**памыляцца**	[pamɨ'lʲaʦa]
escolher (vt)	**выбіраць**	[vɨbi'raʦʲ]
esconder (vt)	**хаваць**	[ha'vaʦʲ]
escrever (vt)	**пісаць**	[pi'saʦʲ]
esperar (o autocarro, etc.)	**чакаць**	[ʧa'kaʦʲ]
esperar (ter esperança)	**спадзявацца**	[spaʣʲa'vaʦa]
esquecer (vt)	**забываць**	[zabɨ'vaʦʲ]
estudar (vt)	**вывучаць**	[vɨvu'ʧaʦʲ]
exigir (vt)	**патрабаваць**	[patraba'vaʦʲ]
existir (vi)	**існаваць**	[isna'vaʦʲ]
explicar (vt)	**тлумачыць**	[tlu'maʧɨʦʲ]
falar (vi)	**гаварыць**	[ɦava'rɨʦʲ]
faltar (clases, etc.)	**прапускаць**	[prapus'kaʦʲ]
fazer (vt)	**рабіць**	[ra'biʦʲ]
gabar-se, jactar-se (vr)	**выхваляцца**	[vɨhva'lʲaʦa]
gostar (apreciar)	**падабацца**	[pada'baʦa]
gritar (vi)	**крычаць**	[krɨ'ʧaʦʲ]
guardar (cartas, etc.)	**захоўваць**	[za'hɔwvaʦʲ]
informar (vt)	**інфармаваць**	[infarma'vaʦʲ]
insistir (vi)	**настойваць**	[na'stɔjvaʦʲ]
insultar (vt)	**абражаць**	[abra'ʒaʦʲ]
interessar-se (vr)	**цікавіцца ...**	[ʦi'kaviʦa ...]
ir (a pé)	**ісці**	[is'ʦi]
ir nadar	**купацца**	[ku'paʦa]
jantar (vi)	**вячэраць**	[vʲa'ʧɛraʦʲ]

15. Os verbos mais importantes. Parte 3

ler (vt)	**чытаць**	[ʧɨ'tatsʲ]
libertar (cidade, etc.)	**вызваляць**	[vɨzva'lʲatsʲ]
matar (vt)	**забіваць**	[zabi'vatsʲ]
mencionar (vt)	**згадваць**	['zɦadvatsʲ]
mostrar (vt)	**паказваць**	[pa'kazvatsʲ]
mudar (modificar)	**змяніць**	[zmʲa'nitsʲ]
nadar (vi)	**плаваць**	['plavatsʲ]
negar-se a …	**адмаўляцца**	[admaw'lʲatsa]
objetar (vt)	**пярэчыць**	[pʲa'rɛʧɨtsʲ]
observar (vt)	**назіраць**	[nazi'ratsʲ]
ordenar (mil.)	**загадваць**	[za'ɦadvatsʲ]
ouvir (vt)	**чуць**	['ʧutsʲ]
pagar (vt)	**плаціць**	[pla'tsitsʲ]
parar (vi)	**спыняцца**	[spɨ'nʲatsa]
participar (vi)	**удзельнічаць**	[u'dzelʲniʧatsʲ]
pedir (comida)	**заказваць**	[za'kazvatsʲ]
pedir (um favor, etc.)	**прасіць**	[pra'sitsʲ]
pegar (tomar)	**браць**	['bratsʲ]
pensar (vt)	**думаць**	['dumatsʲ]
perceber (ver)	**заўважаць**	[zawva'ʒatsʲ]
perdoar (vt)	**выбачаць**	[vɨba'ʧatsʲ]
perguntar (vt)	**пытаць**	[pɨ'tatsʲ]
permitir (vt)	**дазваляць**	[dazva'lʲatsʲ]
pertencer a …	**належаць**	[na'leʒatsʲ]
planear (vt)	**планаваць**	[plana'vatsʲ]
poder (vi)	**магчы**	[maɦ'ʧɨ]
possuir (vt)	**валодаць**	[va'lɔdatsʲ]
preferir (vt)	**аддаваць перавагу**	[adda'vatsʲ pera'vaɦu]
preparar (vt)	**гатаваць**	[ɦata'vatsʲ]
prever (vt)	**прадбачыць**	[prad'baʧɨtsʲ]
prometer (vt)	**абяцаць**	[abʲa'tsatsʲ]
pronunciar (vt)	**вымаўляць**	[vɨmaw'lʲatsʲ]
propor (vt)	**прапаноўваць**	[prapa'nɔwvatsʲ]
punir (castigar)	**караць**	[ka'ratsʲ]

16. Os verbos mais importantes. Parte 4

quebrar (vt)	**ламаць**	[la'matsʲ]
queixar-se (vr)	**скардзіцца**	['skardzitsa]
querer (desejar)	**хацець**	[ha'tsetsʲ]
recomendar (vt)	**рэкамендаваць**	[rɛkamenda'vatsʲ]
repetir (dizer outra vez)	**паўтараць**	[pawta'ratsʲ]
repreender (vt)	**лаяць**	['lajatsʲ]
reservar (~ um quarto)	**рэзерваваць**	[rɛzerva'vatsʲ]

responder (vt)	**адказваць**	[at'kazvaʦʲ]
rir (vi)	**смяяцца**	[smæ'ʲaʦa]
roubar (vt)	**красці**	['krasʲʦi]
saber (vt)	**ведаць**	['vedaʦʲ]
sair (~ de casa)	**выходзіць**	[vɨ'hɔʣiʦʲ]
salvar (vt)	**ратаваць**	[rata'vaʦʲ]
seguir ...	**накіроўвацца ...**	[naki'rɔwvaʦa ...]
sentar-se (vr)	**садзіцца**	[sa'ʣiʦa]
ser necessário	**патрабавацца**	[patraba'vaʦa]
ser, estar	**быць**	['bɨʦʲ]
significar (vt)	**азначаць**	[azna'ʧaʦʲ]
sorrir (vi)	**усміхацца**	[usmi'haʦa]
subestimar (vt)	**недаацэньваць**	[nedaa'ʦɛnʲvaʦʲ]
surpreender-se (vr)	**здзіўляцца**	[zʲʣiw'lʲaʦa]
tentar (vt)	**спрабаваць**	[spraba'vaʦʲ]
ter (vt)	**мець**	['meʦʲ]
ter fome	**хацець есці**	[ha'ʦeʦʲ 'esʲʦi]
ter medo	**баяцца**	[ba'ʲaʦa]
ter sede	**хацець піць**	[ha'ʦeʦʲ 'piʦʲ]
tocar (com as mãos)	**кранаць**	[kra'naʦʲ]
tomar o pequeno-almoço	**снедаць**	['snedaʦʲ]
trabalhar (vi)	**працаваць**	[praʦa'vaʦʲ]
traduzir (vt)	**перакладаць**	[perakla'daʦʲ]
unir (vt)	**аб'ядноўваць**	[abˀʲad'nɔwvaʦʲ]
vender (vt)	**прадаваць**	[prada'vaʦʲ]
ver (vt)	**бачыць**	['baʧɨʦʲ]
virar (ex. ~ à direita)	**паварочваць**	[pava'rɔʧvaʦʲ]
voar (vi)	**ляцець**	[lʲa'ʦeʦʲ]

TEMPO. CALENDÁRIO

17. Dias da semana

segunda-feira (f)	**панядзелак** (м)	[panʲa'ʣelak]
terça-feira (f)	**аўторак** (м)	[aw'tɔrak]
quarta-feira (f)	**серада** (ж)	[sera'da]
quinta-feira (f)	**чацвер** (м)	[ʧaʦ'ver]
sexta-feira (f)	**пятніца** (ж)	['pʲatniʦa]
sábado (m)	**субота** (ж)	[su'bɔta]
domingo (m)	**нядзеля** (ж)	[nʲa'ʣelʲa]
hoje	**сёння**	['sʲonnʲa]
amanhã	**заўтра**	['zawtra]
depois de amanhã	**паслязаўтра**	[paslʲa'zawtra]
ontem	**учора**	[u'ʧɔra]
anteontem	**заўчора**	[zaw'ʧɔra]
dia (m)	**дзень** (м)	['ʣenʲ]
dia (m) de trabalho	**працоўны дзень** (м)	[pra'ʦɔwnɨ 'ʣenʲ]
feriado (m)	**святочны дзень** (м)	[svʲa'tɔʧnɨ 'ʣenʲ]
dia (m) de folga	**выхадны дзень** (м)	[vɨhad'nɨ 'ʣenʲ]
fim (m) de semana	**выхадныя** (м мн)	[vɨhad'nɨʲa]
o dia todo	**увесь дзень**	[u'vezʲ 'ʣenʲ]
no dia seguinte	**на наступны дзень**	[na na'stupnɨ 'ʣenʲ]
há dois dias	**два дні таму**	[dva 'dni ta'mu]
na véspera	**напярэдадні**	[napʲa'rɛdadni]
diário	**штодзённы**	[ʃtɔ'ʣʲonnɨ]
todos os dias	**штодня**	[ʃtɔ'dnʲa]
semana (f)	**тыдзень** (м)	['tɨʣenʲ]
na semana passada	**на мінулым тыдні**	[na mi'nulɨm 'tɨdni]
na próxima semana	**на наступным тыдні**	[na na'stupnɨm 'tɨdni]
semanal	**штотыднёвы**	[ʃtɔtɨd'nʲovɨ]
cada semana	**штотыдзень**	[ʃtɔ'tɨʣenʲ]
duas vezes por semana	**два разы на тыдзень**	[dva ra'zɨ na 'tɨʣenʲ]
cada terça-feira	**штоаўторак**	[ʃtɔa'wtɔrak]

18. Horas. Dia e noite

manhã (f)	**ранак** (м)	['ranak]
de manhã	**ранкам**	['rankam]
meio-dia (m)	**поўдзень** (м)	['pɔwʣenʲ]
à tarde	**пасля абеду**	[pa'slʲa a'bedu]
noite (f)	**вечар** (м)	['veʧar]
à noite (noitinha)	**увечар**	[u'veʧar]

noite (f)	**ноч** (ж)	['nɔʧ]
à noite	**уначы**	[una'ʧɨ]
meia-noite (f)	**поўнач** (ж)	['pɔwnaʧ]
segundo (m)	**секунда** (ж)	[se'kunda]
minuto (m)	**хвіліна** (ж)	[hvi'lina]
hora (f)	**гадзіна** (ж)	[ɦa'ʤina]
meia hora (f)	**паўгадзіны**	[pawɦa'ʤinɨ]
quarto (m) de hora	**чвэрць** (ж) **гадзіны**	[ʧvɛrʦʲ ɦa'ʤinɨ]
quinze minutos	**пятнаццаць хвілін**	[pʲat'naʦaʦʲ hvi'lin]
vinte e quatro horas	**суткі** (мн)	['sutki]
nascer (m) do sol	**узыход** (м) **сонца**	[uzɨ'hɔt 'sɔnʦa]
amanhecer (m)	**світанак** (м)	[svi'tanak]
madrugada (f)	**ранічка** (ж)	['raniʧka]
pôr do sol (m)	**захад** (м)	['zahat]
de madrugada	**ранічкаю**	['raniʧkaʉ]
hoje de manhã	**сёння ранкам**	[sʲonnʲa 'rankam]
amanhã de manhã	**заўтра ранкам**	['zawtra 'rankam]
hoje à tarde	**сёння ўдзень**	[sʲonnʲa u'ʤenʲ]
à tarde	**пасля абеду**	[pa'slʲa a'bedu]
amanhã à tarde	**заўтра пасля абеду**	['zawtra pa'slʲa a'bedu]
hoje à noite	**сёння ўвечары**	[sʲonnʲa u'weʧarɨ]
amanhã à noite	**заўтра ўвечары**	[zawtra u'weʧarɨ]
às três horas em ponto	**роўна а трэцяй гадзіне**	[rɔwna a 'trɛʦʲaj ɦa'ʤine]
por volta das quatro	**каля чацвёртай гадзіны**	[ka'lʲa ʧaʦ'vʲortaj ɦa'ʤinɨ]
às doze	**пад дванаццатую гадзіну**	[pad dva'naʦatuʉ ɦa'ʤinu]
dentro de vinte minutos	**праз дваццаць хвілін**	[praz 'dvaʦaʦʲ hvi'lin]
dentro duma hora	**праз гадзіну**	[praz ɦa'ʤinu]
a tempo	**своечасова**	[svɔeʧa'sɔva]
menos um quarto	**без чвэрці ...**	['bʲaʃ 'ʧvɛrʦi ...]
durante uma hora	**на працягу гадзіны**	[na pra'ʦʲaɦu ɦa'ʤinɨ]
a cada quinze minutos	**кожныя пятнаццаць хвілін**	['kɔʒnɨʲa pʲat'naʦaʦʲ hvi'lin]
as vinte e quatro horas	**круглыя суткі** (мн)	['kruɦlɨʲa 'sutki]

19. Meses. Estações

janeiro (m)	**студзень** (м)	['stuʣenʲ]
fevereiro (m)	**люты** (м)	['lʉtɨ]
março (m)	**сакавік** (м)	[saka'vik]
abril (m)	**красавік** (м)	[krasa'vik]
maio (m)	**май** (м)	['maj]
junho (m)	**чэрвень** (м)	['ʧɛrvenʲ]
julho (m)	**ліпень** (м)	['lipenʲ]
agosto (m)	**жнівень** (м)	['ʒnivenʲ]
setembro (m)	**верасень** (м)	['verasenʲ]

outubro (m)	**кастрычнік** (м)	[kas'tritʃnik]
novembro (m)	**лістапад** (м)	[lista'pat]
dezembro (m)	**снежань** (м)	['sneʒanʲ]
primavera (f)	**вясна** (ж)	[vʲas'na]
na primavera	**увесну**	[u'vesnu]
primaveril	**вясновы**	[vʲas'nɔvɨ]
verão (m)	**лета** (н)	['leta]
no verão	**улетку**	[u'letku]
de verão	**летні**	['letni]
outono (m)	**восень** (ж)	['vɔsenʲ]
no outono	**увосень**	[u'vɔsenʲ]
outonal	**восеньскі**	['vɔsenʲski]
inverno (m)	**зіма** (ж)	[zi'ma]
no inverno	**узімку**	[u'zimku]
de inverno	**зімовы**	[zi'mɔvɨ]
mês (m)	**месяц** (м)	['mesʲats]
este mês	**у гэтым месяцы**	[u 'ɦɛtɨm 'mesʲatsɨ]
no próximo mês	**у наступным месяцы**	[u nas'tupnɨm 'mesʲatsɨ]
no mês passado	**у мінулым месяцы**	[u mi'nulɨm 'mesʲatsɨ]
há um mês	**месяц таму**	[mesʲats ta'mu]
dentro de um mês	**праз месяц**	[praz 'mesʲats]
dentro de dois meses	**праз два месяцы**	[praz 'dva 'mesʲatsɨ]
todo o mês	**увесь месяц**	[u'vesʲ 'mesʲats]
um mês inteiro	**цэлы месяц**	[tsɛlɨ 'mesʲats]
mensal	**штомесячны**	[ʃtɔ'mesʲatʃnɨ]
mensalmente	**штомесяц**	[ʃtɔ'mesʲats]
cada mês	**штомесяц**	[ʃtɔ'mesʲats]
duas vezes por mês	**два разы на месяц**	[dva ra'zɨ na 'mesʲats]
ano (m)	**год** (м)	['ɦɔt]
este ano	**сёлета**	['sʲoleta]
no próximo ano	**налета**	[na'leta]
no ano passado	**летась**	['letasʲ]
há um ano	**год таму**	[ɦɔt ta'mu]
dentro dum ano	**праз год**	[praz 'ɦɔt]
dentro de 2 anos	**праз два гады**	[praz 'dva ɦa'dɨ]
todo o ano	**увесь год**	[u'vezʲ 'ɦɔt]
um ano inteiro	**цэлы год**	[tsɛlɨ 'ɦɔt]
cada ano	**штогод**	[ʃtɔ'ɦɔt]
anual	**штогадовы**	[ʃtɔɦa'dɔvɨ]
anualmente	**штогод**	[ʃtɔ'ɦɔt]
quatro vezes por ano	**чатыры разы на год**	[tʃa'tɨrɨ ra'zɨ na 'ɦɔt]
data (~ de hoje)	**дзень** (м)	['dzenʲ]
data (ex. ~ de nascimento)	**дата** (ж)	['data]
calendário (m)	**каляндар** (м)	[kalʲan'dar]
meio ano	**паўгода**	[paw'ɦɔda]

seis meses	**паўгоддзе** (н)	[paw'ɦɔdze]
estação (f)	**сезон** (м)	[se'zɔn]
século (m)	**стагоддзе** (н)	[sta'ɦɔdze]

VIAGENS. HOTEL

20. Viagens

turismo (m)	**турызм** (м)	[tu'rɨzm]
turista (m)	**турыст** (м)	[tu'rɨst]
viagem (f)	**падарожжа** (н)	[pada'rɔʑa]
aventura (f)	**прыгода** (ж)	[prɨ'ɦɔda]
viagem (f)	**паездка** (ж)	[pa'estka]
férias (f pl)	**водпуск** (м)	['vɔtpusk]
estar de férias	**быць у водпуску**	['bɨtsʲ u 'vɔtpusku]
descanso (m)	**адпачынак** (м)	[atpa'ʧɨnak]
comboio (m)	**цягнік** (м)	[tsʲaɦ'nik]
de comboio (chegar ~)	**цягніком**	[tsʲaɦni'kɔm]
avião (m)	**самалёт** (м)	[sama'lʲot]
de avião	**самалётам**	[sama'lʲotam]
de carro	**на аўтамабілі**	[na awtama'bili]
de navio	**на караблі**	[na karab'li]
bagagem (f)	**багаж** (м)	[ba'ɦaʃ]
mala (f)	**чамадан** (м)	[ʧama'dan]
carrinho (m)	**каляска** (ж) **для багажу**	[ka'lʲaska dlʲa baɦaʒu]
passaporte (m)	**пашпарт** (м)	['paʃpart]
visto (m)	**віза** (ж)	['viza]
bilhete (m)	**білет** (м)	[bi'let]
bilhete (m) de avião	**авіябілет** (м)	[avʲiabi'let]
guia (m) de viagem	**даведнік** (м)	[da'vednik]
mapa (m)	**карта** (ж)	['karta]
local (m), area (f)	**мясцовасць** (ж)	[mʲas'tsɔvastsʲ]
lugar, sítio (m)	**месца** (н)	['mesʲtsa]
exotismo (m)	**экзотыка** (ж)	[ɛg'zɔtɨka]
exótico	**экзатычны**	[ɛgza'tɨʧnɨ]
surpreendente	**дзівосны**	[dzi'vɔsnɨ]
grupo (m)	**група** (ж)	['ɦrupa]
excursão (f)	**экскурсія** (ж)	[ɛks'kursiʲa]
guia (m)	**гід, экскурсавод** (м)	['ɦit], [ɛkskursa'vɔt]

21. Hotel

hotel (m)	**гасцініца** (ж)	[ɦas'tsinitsa]
hotel (m)	**гатэль** (м)	[ɦa'tɛl]
motel (m)	**матэль** (м)	[ma'tɛlʲ]

três estrelas	**тры зоркі**	[trɨ 'zɔrki]
cinco estrelas	**пяць зорак**	[pʲatsʲ 'zɔrak]
ficar (~ num hotel)	**спыніцца**	[spɨ'nitsa]
quarto (m)	**нумар** (м)	['numar]
quarto (m) individual	**аднамесны нумар** (м)	[adna'mesnɨ 'numar]
quarto (m) duplo	**двухмесны нумар** (м)	[dvuh'mesnɨ 'numar]
reservar um quarto	**браніраваць нумар**	[bra'niravatsʲ 'numar]
meia pensão (f)	**паўпансіён** (м)	[pawpansi'ʲon]
pensão (f) completa	**поўны пансіён** (м)	['pɔwnɨ pansi'ʲon]
com banheira	**з ваннай**	[z 'vannaj]
com duche	**з душам**	[z 'duʃam]
televisão (m) satélite	**спадарожнікавае тэлебачанне** (н)	[spada'rɔʒnikavae tɛle'batʃanne]
ar (m) condicionado	**кандыцыянер** (м)	[kandɨtsɨʲa'ner]
toalha (f)	**ручнік** (м)	[rutʃ'nik]
chave (f)	**ключ** (м)	['klʉtʃ]
administrador (m)	**адміністратар** (м)	[admini'stratar]
camareira (f)	**пакаёўка** (ж)	[paka'ʲowka]
bagageiro (m)	**насільшчык** (м)	[na'silʲʃɕɨk]
porteiro (m)	**парцье** (м)	[par'tsʲe]
restaurante (m)	**рэстаран** (м)	[rɛsta'ran]
bar (m)	**бар** (м)	['bar]
pequeno-almoço (m)	**сняданак** (м)	[snʲa'danak]
jantar (m)	**вячэра** (ж)	[vʲa'tʃɛra]
buffet (m)	**шведскі стол** (м)	['ʃvetski 'stɔl]
hall (m) de entrada	**вестыбюль** (м)	[vestɨ'bʉlʲ]
elevador (m)	**ліфт** (м)	['lift]
NÃO PERTURBE	**НЕ ТУРБАВАЦЬ**	[ne turba'vatsʲ]
PROIBIDO FUMAR!	**НЕ КУРЫЦЬ!**	[ne ku'rɨtsʲ]

22. Turismo

monumento (m)	**помнік** (м)	['pɔmnik]
fortaleza (f)	**крэпасць** (ж)	['krɛpastsʲ]
palácio (m)	**палац** (м)	[pa'lats]
castelo (m)	**замак** (м)	['zamak]
torre (f)	**вежа** (ж)	['veʒa]
mausoléu (m)	**маўзалей** (м)	[mawza'lej]
arquitetura (f)	**архітэктура** (ж)	[arhitɛk'tura]
medieval	**сярэдневяковы**	[sʲarɛdnevʲa'kɔvɨ]
antigo	**старадаўні**	[stara'dawni]
nacional	**нацыянальны**	[natsɨʲa'nalʲnɨ]
conhecido	**вядомы**	[vʲa'dɔmɨ]
turista (m)	**турыст** (м)	[tu'rɨst]
guia (pessoa)	**гід, экскурсавод** (м)	['ɦit], [ɛkskursa'vɔt]

excursão (f)	**экскурсія** (ж)	[ɛks'kursiʲa]
mostrar (vt)	**паказваць**	[pa'kazvatsʲ]
contar (vt)	**апавядаць**	[apavʲa'datsʲ]
encontrar (vt)	**знайсці**	[znajs'tsi]
perder-se (vr)	**згубіцца**	[zɦu'bitsa]
mapa (~ do metrô)	**схема** (ж)	['shema]
mapa (~ da cidade)	**план** (м)	['plan]
lembrança (f), presente (m)	**сувенір** (м)	[suve'nir]
loja (f) de presentes	**крама** (ж) **сувеніраў**	['krama suwe'niraw]
fotografar (vt)	**фатаграфаваць**	[fataɦrafa'vatsʲ]
fotografar-se	**фатаграфавацца**	[fataɦrafa'vatsa]

TRANSPORTES

23. Aeroporto

aeroporto (m)	**аэрапорт** (м)	[aɛra'pɔrt]
avião (m)	**самалёт** (м)	[sama'lʲot]
companhia (f) aérea	**авіякампанія** (ж)	[avʲiakam'panʲia]
controlador (m) de tráfego aéreo	**дыспетчар** (м)	[dɨs'petʧar]
partida (f)	**вылет** (м)	['vɨlet]
chegada (f)	**прылёт** (м)	[prɨ'lʲot]
chegar (~ de avião)	**прыляцець**	[prɨlʲa'ʦeʦʲ]
hora (f) de partida	**час** (м) **вылету**	[ʧas 'vɨletu]
hora (f) de chegada	**час** (м) **прылёту**	[ʧas prɨ'lʲotu]
estar atrasado	**затрымлівацца**	[za'trɨmlivaʦa]
atraso (m) de voo	**затрымка** (ж) **вылету**	[za'trɨmka 'vɨletu]
painel (m) de informação	**інфармацыйнае табло** (н)	[infarma'ʦɨjnae tab'lɔ]
informação (f)	**інфармацыя** (ж)	[infar'maʦɨʲa]
anunciar (vt)	**абвяшчаць**	[abvʲa'ʃɕaʦʲ]
voo (m)	**рэйс** (м)	['rɛjs]
alfândega (f)	**мытня** (ж)	['mɨtnʲa]
funcionário (m) da alfândega	**мытнік** (м)	['mɨtnik]
declaração (f) alfandegária	**дэкларацыя** (ж)	[dɛkla'raʦɨʲa]
preencher (vt)	**запоўніць**	[za'pɔwniʦʲ]
preencher a declaração	**запоўніць дэкларацыю**	[za'powniʦʲ dɛkla'raʦɨʉ]
controlo (m) de passaportes	**пашпартны кантроль** (м)	['paʃpartnɨ kan'trɔlʲ]
bagagem (f)	**багаж** (м)	[ba'ɦaʃ]
bagagem (f) de mão	**ручная паклажа** (ж)	[ruʧ'naʲa pak'laʒa]
carrinho (m)	**каляска** (ж) **для багажу**	[ka'lʲaska dlʲa baɦaʒu]
aterragem (f)	**пасадка** (ж)	[pa'satka]
pista (f) de aterragem	**пасадачная паласа** (ж)	[pa'sadaʧnaʲa pala'sa]
aterrar (vi)	**садзіцца**	[sa'ʣiʦa]
escada (f) de avião	**трап** (м)	['trap]
check-in (m)	**рэгістрацыя** (ж)	[rɛɦi'straʦɨʲa]
balcão (m) do check-in	**стойка** (ж) **рэгістрацыі**	[stɔjka rɛɦist'raʦɨi]
fazer o check-in	**зарэгістравацца**	[zarɛɦistra'vaʦa]
cartão (m) de embarque	**пасадачны талон** (м)	[pa'sadaʧnɨ ta'lɔn]
porta (f) de embarque	**выхад** (м)	['vɨhat]
trânsito (m)	**транзіт** (м)	[tran'zit]
esperar (vi, vt)	**чакаць**	[ʧa'kaʦʲ]

sala (f) de espera	**зала** (ж) **чакання**	['zala ʧa'kannʲa]
despedir-se de ...	**праводзіць**	[pra'vɔʣitsʲ]
despedir-se (vr)	**развітвацца**	[raz'vitvatsa]

24. Avião

avião (m)	**самалёт** (м)	[sama'lʲot]
bilhete (m) de avião	**авіябілет** (м)	[aviʲabi'let]
companhia (f) aérea	**авіякампанія** (ж)	[aviʲakam'paniʲa]
aeroporto (m)	**аэрапорт** (м)	[aɛra'pɔrt]
supersónico	**звышгукавы**	[zviʒɦuka'vɨ]
comandante (m) do avião	**камандзір** (м) **карабля**	[kaman'ʣir karab'lʲa]
tripulação (f)	**экіпаж** (м)	[ɛki'paʃ]
piloto (m)	**пілот** (м)	[pi'lɔt]
hospedeira (f) de bordo	**сцюардэса** (ж)	[sʲtsʉar'dɛsa]
copiloto (m)	**штурман** (м)	['ʃturman]
asas (f pl)	**крылы** (н мн)	['krɨlɨ]
cauda (f)	**хвост** (м)	['hvɔst]
cabine (f) de pilotagem	**кабіна** (ж)	[ka'bina]
motor (m)	**рухавік** (м)	[ruha'vik]
trem (m) de aterragem	**шасі** (н)	[ʃa'si]
turbina (f)	**турбіна** (ж)	[tur'bina]
hélice (f)	**прапелер** (м)	[pra'peler]
caixa-preta (f)	**чорная скрынка** (ж)	['ʧɔrnaʲa 'skrɨnka]
coluna (f) de controlo	**штурвал** (м)	[ʃtur'val]
combustível (m)	**гаручае** (н)	[ɦaru'ʧae]
instruções (f pl) de segurança	**інструкцыя** (ж)	[in'struktsɨʲa]
máscara (f) de oxigénio	**кіслародная маска** (ж)	[kisla'rɔdnaʲa 'maska]
uniforme (m)	**уніформа** (ж)	[uni'fɔrma]
colete (m) salva-vidas	**выратавальная камізэлька** (ж)	[vɨrata'valʲnaʲa kami'zɛlʲka]
paraquedas (m)	**парашут** (м)	[para'ʃut]
descolagem (f)	**узлёт** (м)	[uz'lʲot]
descolar (vi)	**узлятаць**	[uzlʲa'tatsʲ]
pista (f) de descolagem	**узлётная паласа** (ж)	[uz'lʲotnaʲa pala'sa]
visibilidade (f)	**бачнасць** (ж)	['baʧnastsʲ]
voo (m)	**палёт** (м)	[pa'lʲot]
altura (f)	**вышыня** (ж)	[vɨʃɨ'nʲa]
poço (m) de ar	**паветраная яма** (ж)	[pa'vetranaʲa 'ʲama]
assento (m)	**месца** (н)	['mesʲtsa]
auscultadores (m pl)	**навушнікі** (м мн)	[na'vuʃniki]
mesa (f) rebatível	**адкідны столік** (м)	[atkid'nɨ 'stɔlik]
vigia (f)	**ілюмінатар** (м)	[ilʉmi'natar]
passagem (f)	**праход** (м)	[pra'hɔt]

25. Comboio

comboio (m)	**цягнік** (м)	[ʦʲaɦ'nik]
comboio (m) suburbano	**электрацягнік** (м)	[ɛ'lektra ʦʲaɦ'nik]
comboio (m) rápido	**хуткі цягнік** (м)	[hutki ʦʲaɦ'nik]
locomotiva (f) diesel	**цеплавоз** (м)	[ʦepla'vɔs]
locomotiva (f) a vapor	**паравоз** (м)	[para'vɔs]
carruagem (f)	**вагон** (м)	[va'ɦɔn]
carruagem restaurante (f)	**вагон-рэстаран** (м)	[va'ɦɔn rɛsta'ran]
carris (m pl)	**рэйкі** (ж мн)	['rɛjki]
caminho de ferro (m)	**чыгунка** (ж)	[ʧɨ'ɦunka]
travessa (f)	**шпала** (ж)	['ʃpala]
plataforma (f)	**платформа** (ж)	[plat'fɔrma]
linha (f)	**пуць** (м)	['puʦʲ]
semáforo (m)	**семафор** (м)	[sema'fɔr]
estação (f)	**станцыя** (ж)	['stanʦɨʲa]
maquinista (m)	**машыніст** (м)	[maʃɨ'nist]
bagageiro (m)	**насільшчык** (м)	[na'silʲʃɕɨk]
hospedeiro, -a (da carruagem)	**праваднік** (м)	[pravad'nik]
passageiro (m)	**пасажыр** (м)	[pasa'ʒɨr]
revisor (m)	**кантралёр** (м)	[kantra'lʲor]
corredor (m)	**калідор** (м)	[kali'dɔr]
freio (m) de emergência	**стоп-кран** (м)	[stɔp'kran]
compartimento (m)	**купэ** (н)	[ku'pɛ]
cama (f)	**лаўка** (ж)	['lawka]
cama (f) de cima	**лаўка** (ж) **верхняя**	[lawka 'verhnæʲa]
cama (f) de baixo	**лаўка** (ж) **ніжняя**	[lawka 'niʒnæʲa]
roupa (f) de cama	**пасцельная бялізна** (ж)	[pas'ʦelʲnaʲa bʲa'lizna]
bilhete (m)	**білет** (м)	[bi'let]
horário (m)	**расклад** (м)	[ras'klat]
painel (m) de informação	**табло** (н)	[tab'lɔ]
partir (vt)	**адыходзіць**	[adɨ'hɔʣiʦʲ]
partida (f)	**адпраўленне** (н)	[atpraw'lenne]
chegar (vi)	**прыбываць**	[prɨbɨ'vaʦʲ]
chegada (f)	**прыбыццё** (н)	[prɨbɨ'ʦʲo]
chegar de comboio	**прыехаць цягніком**	[prɨ'ehaʦʲ ʦʲaɦni'kɔm]
apanhar o comboio	**сесці на цягнік**	['sesʲʦi na ʦʲaɦ'nik]
sair do comboio	**сысці з цягніка**	[sɨs'ʦi z ʦʲaɦni'ka]
acidente (m) ferroviário	**крушэнне** (н)	[kru'ʃɛnne]
descarrilar (vi)	**сысці з рэек**	[sɨs'ʦi z 'rɛek]
locomotiva (f) a vapor	**паравоз** (м)	[para'vɔs]
fogueiro (m)	**качагар** (м)	[kaʧa'ɦar]
fornalha (f)	**топка** (ж)	['tɔpka]
carvão (m)	**вугаль** (м)	['vuɦalʲ]

26. Barco

navio (m)	**карабель** (м)	[kara'belʲ]
embarcação (f)	**судна** (н)	['sudna]
vapor (m)	**параход** (м)	[para'hɔt]
navio (m)	**цеплаход** (м)	[ʦepla'hɔt]
transatlântico (m)	**лайнер** (м)	['lajner]
cruzador (m)	**крэйсер** (м)	['krɛjser]
iate (m)	**яхта** (ж)	['ʲahta]
rebocador (m)	**буксір** (м)	[buk'sir]
barcaça (f)	**баржа** (ж)	['barʒa]
ferry (m)	**паром** (м)	[pa'rɔm]
veleiro (m)	**парусьнік** (м)	['parusnik]
bergantim (m)	**брыганціна** (ж)	[brɨɦan'ʦina]
quebra-gelo (m)	**ледакол** (м)	[leda'kɔl]
submarino (m)	**падводная лодка** (ж)	[pad'vɔdnaʲa 'lɔtka]
bote, barco (m)	**лодка** (ж)	['lɔtka]
bote, dingue (m)	**шлюпка** (ж)	['ʃlʉpka]
bote (m) salva-vidas	**шлюпка** (ж) **выратавальная**	[ʃlʉpka vɨrata'valʲnaʲa]
lancha (f)	**катэр** (м)	['katɛr]
capitão (m)	**капітан** (м)	[kapi'tan]
marinheiro (m)	**матрос** (м)	[mat'rɔs]
marujo (m)	**марак** (м)	[ma'rak]
tripulação (f)	**экіпаж** (м)	[ɛki'paʃ]
contramestre (m)	**боцман** (м)	['bɔʦman]
grumete (m)	**юнга** (м)	['ʉnɦa]
cozinheiro (m) de bordo	**кок** (м)	['kɔk]
médico (m) de bordo	**суднавы ўрач** (м)	['sudnavɨ 'wraʧ]
convés (m)	**палуба** (ж)	['paluba]
mastro (m)	**мачта** (ж)	['maʧta]
vela (f)	**парус** (м)	['parus]
porão (m)	**трум** (м)	['trum]
proa (f)	**нос** (м)	['nɔs]
popa (f)	**карма** (ж)	[kar'ma]
remo (m)	**вясло** (н)	[vʲas'lɔ]
hélice (f)	**вінт** (м)	['vint]
camarote (m)	**каюта** (ж)	[ka'ʉta]
sala (f) dos oficiais	**кают-кампанія** (ж)	[ka'ʉt kam'paniʲa]
sala (f) das máquinas	**машыннае аддзяленне** (н)	[ma'ʃɨnnae adʣʲa'lenne]
ponte (m) de comando	**капітанскі мосцік** (м)	[kapi'tanski 'mɔsʲʦik]
sala (f) de comunicações	**радыёрубка** (ж)	[radɨʲo'rupka]
onda (f) de rádio	**хваля** (ж)	['hvalʲa]
diário (m) de bordo	**суднавы журнал** (м)	['sudnavɨ ʒur'nal]
luneta (f)	**падзорная труба** (ж)	[pa'dzɔrnaʲa tru'ba]

sino (m)	**звон** (м)	['zvɔn]
bandeira (f)	**сцяг** (м)	['sʦʲaɦ]
cabo (m)	**канат** (м)	[ka'nat]
nó (m)	**вузел** (м)	['vuzel]
corrimão (m)	**поручань** (м)	['pɔruʧanʲ]
prancha (f) de embarque	**трап** (м)	['trap]
âncora (f)	**якар** (м)	['ʲakar]
recolher a âncora	**падняць якар**	[pad'nʲaʦʲ 'ʲakar]
lançar a âncora	**кінуць якар**	['kinuʦʲ 'ʲakar]
amarra (f)	**якарны ланцуг** (м)	[ʲakarnɨ lan'ʦuɦ]
porto (m)	**порт** (м)	['pɔrt]
cais, amarradouro (m)	**прычал** (м)	[prɨ'ʧal]
atracar (vi)	**прычальваць**	[prɨ'ʧalʲvaʦʲ]
desatracar (vi)	**адчальваць**	[a'ʧalʲvaʦʲ]
viagem (f)	**падарожжа** (н)	[pada'rɔʐa]
cruzeiro (m)	**круіз** (м)	[kru'is]
rumo (m), rota (f)	**курс** (м)	['kurs]
itinerário (m)	**маршрут** (м)	[marʃ'rut]
canal (m) navegável	**фарватэр** (м)	[far'vatɛr]
banco (m) de areia	**мель** (ж)	['melʲ]
encalhar (vt)	**сесці на мель**	[sesʲʦi na 'melʲ]
tempestade (f)	**бура** (ж)	['bura]
sinal (m)	**сігнал** (м)	[siɦ'nal]
afundar-se (vr)	**тануць**	[ta'nuʦʲ]
Homem ao mar!	**Чалавек за бортам!**	[ʧala'vek za 'bortam!]
SOS	**SOS**	['sɔs]
boia (f) salva-vidas	**выратавальны круг** (м)	[vɨrata'valʲnɨ kruɦ]

CIDADE

27. Transportes urbanos

autocarro (m)	**аўтобус** (м)	[aw'tɔbus]
elétrico (m)	**трамвай** (м)	[tram'vaj]
troleicarro (m)	**тралейбус** (м)	[tra'lejbus]
itinerário (m)	**маршрут** (м)	[marʃ'rut]
número (m)	**нумар** (м)	['numar]
ir de … (carro, etc.)	**ехаць на …**	['ehatsʲ na …]
entrar (~ no autocarro)	**сесці**	['sesʲtsi]
descer de …	**сысці з …**	[sɨs'tsi z …]
paragem (f)	**прыпынак** (м)	[prɨ'pɨnak]
próxima paragem (f)	**наступны прыпынак** (м)	[na'stupnɨ prɨ'pɨnak]
ponto (m) final	**канцавы прыпынак** (м)	[kantsa'vɨ prɨ'pɨnak]
horário (m)	**расклад** (м)	[ras'klat]
esperar (vt)	**чакаць**	[ʧa'katsʲ]
bilhete (m)	**білет** (м)	[bi'let]
custo (m) do bilhete	**кошт** (м) **білета**	[kɔʒd bi'leta]
bilheteiro (m)	**касір** (м)	[ka'sir]
controlo (m) dos bilhetes	**кантроль** (м)	[kan'trɔlʲ]
revisor (m)	**кантралёр** (м)	[kantra'lʲor]
atrasar-se (vr)	**спазняцца**	[spazʲ'nʲatsa]
perder (o autocarro, etc.)	**спазніцца**	[spazʲ'nitsa]
estar com pressa	**спяшацца**	[spʲa'ʃatsa]
táxi (m)	**таксі** (н)	[tak'si]
taxista (m)	**таксіст** (м)	[tak'sist]
de táxi (ir ~)	**на таксі**	[na tak'si]
praça (f) de táxis	**стаянка** (ж) **таксі**	[sta'ʲanka tak'si]
chamar um táxi	**выклікаць таксі**	[vɨklikatsʲ tak'si]
apanhar um táxi	**узяць таксі**	[u'zʲatsʲ tak'si]
tráfego (m)	**вулічны рух** (м)	['vuliʧnɨ 'ruh]
engarrafamento (m)	**затор** (м)	[za'tɔr]
horas (f pl) de ponta	**час** (м) **пік**	['ʧas 'pik]
estacionar (vi)	**паркавацца**	[parka'vatsa]
estacionar (vt)	**паркаваць**	[parka'vatsʲ]
parque (m) de estacionamento	**стаянка** (ж)	[sta'ʲanka]
metro (m)	**метро** (н)	[me'trɔ]
estação (f)	**станцыя** (ж)	['stantsɨʲa]
ir de metro	**ехаць на метро**	['ehatsʲ na me'trɔ]
comboio (m)	**цягнік** (м)	[tsʲaɦ'nik]
estação (f)	**вакзал** (м)	[vaɦ'zal]

28. Cidade. Vida na cidade

cidade (f)	**горад** (м)	['ɦɔrat]
capital (f)	**сталіца** (ж)	[sta'liʦa]
aldeia (f)	**вёска** (ж)	['vʲoska]
mapa (m) da cidade	**план** (м) **горада**	['plan 'ɦɔrada]
centro (m) da cidade	**цэнтр** (м) **горада**	['ʦɛntr 'ɦɔrada]
subúrbio (m)	**прыгарад** (м)	['priɦarat]
suburbano	**прыгарадны**	['priɦaradnɨ]
periferia (f)	**ускраіна** (ж)	[us'kraina]
arredores (m pl)	**наваколле** (н)	[nava'kɔlle]
quarteirão (m)	**квартал** (м)	[kvar'tal]
quarteirão (m) residencial	**жылы квартал** (м)	[ʒɨ'lɨ kvar'tal]
tráfego (m)	**вулічны рух** (м)	['vuliʧnɨ 'ruh]
semáforo (m)	**святлафор** (м)	[svʲatla'fɔr]
transporte (m) público	**гарадскі транспарт** (м)	[ɦara'ʦki 'transpart]
cruzamento (m)	**скрыжаванне** (н)	[skrɨʒa'vanne]
passadeira (f)	**пешаходны пераход** (м)	[peʃa'hɔdnɨ pera'hɔt]
passagem (f) subterrânea	**падземны пераход** (м)	[pa'ʣemnɨ pera'hɔt]
cruzar, atravessar (vt)	**пераходзіць**	[pera'hɔʣiʦʲ]
peão (m)	**пешаход** (м)	[peʃa'hɔt]
passeio (m)	**ходнік** (м)	['hɔdnik]
ponte (f)	**мост** (м)	['mɔst]
margem (f) do rio	**набярэжная** (ж)	[nabʲa'rɛʒnaʲa]
fonte (f)	**фантан** (м)	[fan'tan]
alameda (f)	**алея** (ж)	[a'leʲa]
parque (m)	**парк** (м)	['park]
bulevar (m)	**бульвар** (м)	[bulʲ'var]
praça (f)	**плошча** (ж)	['plɔʃɕa]
avenida (f)	**праспект** (м)	[pras'pekt]
rua (f)	**вуліца** (ж)	['vuliʦa]
travessa (f)	**завулак** (м)	[za'vulak]
beco (m) sem saída	**тупік** (м)	[tu'pik]
casa (f)	**дом** (м)	['dɔm]
edifício, prédio (m)	**будынак** (м)	[bu'dɨnak]
arranha-céus (m)	**хмарачос** (м)	[hmara'ʧɔs]
fachada (f)	**фасад** (м)	[fa'sat]
telhado (m)	**дах** (м)	['dah]
janela (f)	**акно** (н)	[ak'nɔ]
arco (m)	**арка** (ж)	['arka]
coluna (f)	**калона** (ж)	[ka'lɔna]
esquina (f)	**рог** (м)	['rɔɦ]
montra (f)	**вітрына** (ж)	[vit'rɨna]
letreiro (m)	**шыльда** (ж)	['ʃɨlʲda]
cartaz (m)	**афіша** (ж)	[a'fiʃa]
cartaz (m) publicitário	**рэкламны плакат** (м)	[rɛk'lamnɨ pla'kat]

painel (m) publicitário	**рэкламны шчыт** (м)	[rɛk'lamnɨ 'ʃɕɨt]
lixo (m)	**смецце** (н)	['smeʦe]
cesta (f) do lixo	**урна** (ж)	['urna]
jogar lixo na rua	**насмечваць**	[nas'meʧvaʦʲ]
aterro (m) sanitário	**сметнік** (м)	['smetnik]
cabine (f) telefónica	**тэлефонная будка** (ж)	[tɛle'fɔnnaʲa 'butka]
candeeiro (m) de rua	**ліхтарны слуп** (м)	[lih'tarnɨ 'slup]
banco (m)	**лаўка** (ж)	['lawka]
polícia (m)	**паліцэйскі** (м)	[pali'ʦɛjski]
polícia (instituição)	**паліцыя** (ж)	[pa'liʦɨʲa]
mendigo (m)	**жабрак** (м)	[ʒab'rak]
sem-abrigo (m)	**беспрытульны** (м)	[bespri'tulʲnɨ]

29. Instituições urbanas

loja (f)	**крама** (ж)	['krama]
farmácia (f)	**аптэка** (ж)	[ap'tɛka]
ótica (f)	**оптыка** (ж)	['ɔptɨka]
centro (m) comercial	**гандлёвы цэнтр** (м)	[ɦand'lʲovɨ 'ʦɛntr]
supermercado (m)	**супермаркет** (м)	[super'market]
padaria (f)	**булачная** (ж)	['bulaʧnaʲa]
padeiro (m)	**пекар** (м)	['pekar]
pastelaria (f)	**кандытарская** (ж)	[kan'dɨtarskaʲa]
mercearia (f)	**бакалея** (ж)	[baka'leʲa]
talho (m)	**мясная крама** (ж)	[mʲas'naʲa 'krama]
loja (f) de legumes	**крама** (ж) **гародніны**	['krama ɦa'rɔdninɨ]
mercado (m)	**рынак** (м)	['rɨnak]
café (m)	**кавярня** (ж)	[ka'vʲarnʲa]
restaurante (m)	**рэстаран** (м)	[rɛsta'ran]
bar (m), cervejaria (f)	**піўная** (ж)	[piw'naʲa]
pizzaria (f)	**піцэрыя** (ж)	[pi'ʦɛrɨʲa]
salão (m) de cabeleireiro	**цырульня** (ж)	[ʦɨ'rulʲnʲa]
correios (m pl)	**пошта** (ж)	['pɔʃta]
lavandaria (f)	**хімчыстка** (ж)	[him'ʧɨstka]
estúdio (m) fotográfico	**фотаатэлье** (н)	[fɔtaatɛ'lʲe]
sapataria (f)	**абутковая крама** (ж)	[abut'kɔvaʲa 'krama]
livraria (f)	**кнігарня** (ж)	[kni'ɦarnʲa]
loja (f) de artigos de desporto	**спартыўная крама** (ж)	[spar'tɨwnaʲa 'krama]
reparação (f) de roupa	**рамонт** (м) **адзення**	[ra'mɔnt a'ʣennʲa]
aluguer (m) de roupa	**пракат** (м) **адзення**	[pra'kat a'ʣennʲa]
aluguer (m) de filmes	**пракат** (м) **фільмаў**	[pra'kat 'filʲmaw]
circo (m)	**цырк** (м)	['ʦɨrk]
jardim (m) zoológico	**заапарк** (м)	[zaa'park]
cinema (m)	**кінатэатр** (м)	[kinatɛ'atr]
museu (m)	**музей** (м)	[mu'zej]

biblioteca (f)	**бібліятэка** (ж)	[biblʲa'tɛka]
teatro (m)	**тэатр** (м)	[tɛ'atr]
ópera (f)	**опера** (ж)	['ɔpera]
clube (m) noturno	**начны клуб** (м)	[natʃ'nɨ 'klup]
casino (m)	**казіно** (н)	[kazi'nɔ]
mesquita (f)	**мячэць** (ж)	[mʲa'tʃɛtsʲ]
sinagoga (f)	**сінагога** (ж)	[sina'ɦɔɦa]
catedral (f)	**сабор** (м)	[sa'bɔr]
templo (m)	**храм** (м)	['hram]
igreja (f)	**царква** (ж)	[tsark'va]
instituto (m)	**інстытут** (м)	[instɨ'tut]
universidade (f)	**універсітэт** (м)	[universi'tɛt]
escola (f)	**школа** (ж)	['ʃkɔla]
prefeitura (f)	**прэфектура** (ж)	[prɛfek'tura]
câmara (f) municipal	**мэрыя** (ж)	['mɛrɨʲa]
hotel (m)	**гасцініца** (ж)	[ɦas'tsinitsa]
banco (m)	**банк** (м)	['bank]
embaixada (f)	**пасольства** (н)	[pa'sɔlʲstva]
agência (f) de viagens	**турагенцтва** (н)	[tura'ɦentstva]
agência (f) de informações	**бюро** (н) **даведак**	[bʉ'rɔ da'vedak]
casa (f) de câmbio	**абменны пункт** (м)	[ab'mennɨ 'punkt]
metro (m)	**метро** (н)	[me'trɔ]
hospital (m)	**бальніца** (ж)	[balʲ'nitsa]
posto (m) de gasolina	**бензазапраўка** (ж)	['benza za'prawka]
parque (m) de estacionamento	**аўтастаянка** (ж)	[awtasta'ʲanka]

30. Sinais

letreiro (m)	**шыльда** (ж)	['ʃɨlʲda]
inscrição (f)	**надпіс** (м)	['natpis]
cartaz, póster (m)	**плакат** (м)	[pla'kat]
sinal (m) informativo	**паказальнік** (м)	[paka'zalʲnik]
seta (f)	**стрэлка** (ж)	['strɛlka]
aviso (advertência)	**перасцярога** (ж)	[perastsʲa'rɔɦa]
sinal (m) de aviso	**папярэджанне** (н)	[papʲa'rɛdʒanne]
avisar, advertir (vt)	**папярэджваць**	[papʲa'rɛdʒvatsʲ]
dia (m) de folga	**выхадны дзень** (м)	[vɨhad'nɨ 'dzenʲ]
horário (m)	**расклад** (м)	[ras'klat]
horário (m) de funcionamento	**гадзіны** (ж мн) **працы**	[ɦa'dzinɨ 'pratsɨ]
BEM-VINDOS!	**САРДЭЧНА ЗАПРАШАЕМ!**	[sar'dɛtʃna zapra'ʃaem]
ENTRADA	**УВАХОД**	[uva'hɔt]
SAÍDA	**ВЫХАД**	['vɨhat]
EMPURRE	**АД СЯБЕ**	[at sʲa'be]
PUXE	**НА СЯБЕ**	[na sʲa'be]

ABERTO	**АДЧЫНЕНА**	[a'ʧɨnena]
FECHADO	**ЗАЧЫНЕНА**	[za'ʧɨnena]
MULHER	**ДЛЯ ЖАНЧЫН**	[dlʲa ʒan'ʧɨn]
HOMEM	**ДЛЯ МУЖЧЫН**	[dlʲa mu'ʃɕɨn]
DESCONTOS	**СКІДКІ**	['skitki]
SALDOS	**РАСПРОДАЖ**	[ras'prɔdaʃ]
NOVIDADE!	**НАВІНКА!**	[na'vinka]
GRÁTIS	**БЯСПЛАТНА**	[bʲas'platna]
ATENÇÃO!	**УВАГА!**	[u'vaɦa]
NÃO HÁ VAGAS	**МЕСЦАЎ НЯМА**	['mesʲʦaw nʲa'ma]
RESERVADO	**ЗАРЭЗЕРВАВАНА**	[zarɛzerva'vana]
ADMINISTRAÇÃO	**АДМІНІСТРАЦЫЯ**	[admini'straʦɨʲa]
SOMENTE PESSOAL AUTORIZADO	**ТОЛЬКІ ДЛЯ ПЕРСАНАЛУ**	['tɔlʲki dlʲa persa'nalu]
CUIDADO CÃO FEROZ	**ЗЛЫ САБАКА**	['zlɨ sa'baka]
PROIBIDO FUMAR!	**НЕ КУРЫЦЬ!**	[ne ku'rɨʦʲ]
NÃO TOCAR	**РУКАМІ НЕ КРАНАЦЬ!**	[ru'kami ne kra'naʦʲ]
PERIGOSO	**НЕБЯСПЕЧНА**	[nebʲa'speʧna]
PERIGO	**НЕБЯСПЕКА**	[nebʲa'speka]
ALTA TENSÃO	**ВЫСОКАЕ НАПРУЖАННЕ**	[vɨ'sɔkae na'pruʒanne]
PROIBIDO NADAR	**КУПАЦЦА ЗАБАРОНЕНА**	[ku'paʦa zaba'rɔnena]
AVARIADO	**НЕ ПРАЦУЕ**	[ne pra'ʦue]
INFLAMÁVEL	**ВОГНЕНЕБЯСПЕЧНА**	[vɔɦnenebʲas'peʧna]
PROIBIDO	**ЗАБАРОНЕНА**	[zaba'rɔnena]
ENTRADA PROIBIDA	**ПРАХОД ЗАБАРОНЕНЫ**	[pra'ɦɔd zaba'rɔnenɨ]
CUIDADO TINTA FRESCA	**ПАФАРБАВАНА**	[pafarba'vana]

31. Compras

comprar (vt)	**купляць**	[kup'lʲaʦʲ]
compra (f)	**пакупка** (ж)	[pa'kupka]
fazer compras	**рабіць закупы**	[ra'biʦʲ 'zakupɨ]
compras (f pl)	**шопінг** (м)	['ʃɔpinɦ]
estar aberta (loja, etc.)	**працаваць**	[praʦa'vaʦʲ]
estar fechada	**зачыніцца**	[zaʧɨ'niʦa]
calçado (m)	**абутак** (м)	[a'butak]
roupa (f)	**адзенне** (н)	[a'ʣenne]
cosméticos (m pl)	**касметыка** (ж)	[kas'metɨka]
alimentos (m pl)	**прадукты** (м мн)	[pra'duktɨ]
presente (m)	**падарунак** (м)	[pada'runak]
vendedor (m)	**прадавец** (м)	[prada'veʦ]
vendedora (f)	**прадаўшчыца** (ж)	[pradaw'ʃɕɨʦa]
caixa (f)	**каса** (ж)	['kasa]
espelho (m)	**люстэрка** (н)	[lʉs'tɛrka]

balcão (m)	**прылавак** (м)	[prɨ'lavak]
cabine (f) de provas	**прымерачная** (ж)	[prɨ'meratʃnaʲa]
provar (vt)	**прымераць**	[prɨ'meratsʲ]
servir (vi)	**пасаваць**	[pasa'vatsʲ]
gostar (apreciar)	**падабацца**	[pada'batsa]
preço (m)	**цана** (ж)	[tsa'na]
etiqueta (f) de preço	**цэннік** (м)	['tsɛnnik]
custar (vt)	**каштаваць**	[kaʃta'vatsʲ]
Quanto?	**Колькі?**	['kɔlʲki]
desconto (m)	**скідка** (ж)	['skitka]
não caro	**недарагі**	[nedara'ɦi]
barato	**танны**	['tannɨ]
caro	**дарагі**	[dara'ɦi]
É caro	**Гэта дорага.**	['ɦɛta 'dɔraɦa]
aluguer (m)	**пракат** (м)	[pra'kat]
alugar (vestidos, etc.)	**узяць напракат**	[u'zʲatsʲ napra'kat]
crédito (m)	**крэдыт** (м)	[krɛ'dɨt]
a crédito	**у крэдыт**	[u krɛ'dɨt]

VESTUÁRIO & ACESSÓRIOS

32. Roupa exterior. Casacos

roupa (f)	**адзенне** (н)	[a'ʣenne]
roupa (f) exterior	**вопратка** (ж)	['vɔpratka]
roupa (f) de inverno	**зімовая вопратка** (ж)	[zi'mɔvaʲa 'vɔpratka]
sobretudo (m)	**паліто** (н)	[pali'tɔ]
casaco (m) de peles	**футра** (н)	['futra]
casaco curto (m) de peles	**паўкажушак** (м)	[pawka'ʒwʃak]
casaco (m) acolchoado	**пухавік** (м)	[puha'vik]
casaco, blusão (m)	**куртка** (ж)	['kurtka]
impermeável (m)	**плашч** (м)	['plaʃɕ]
impermeável	**непрамакальны**	[neprama'kalʲnɨ]

33. Vestuário de homem & mulher

camisa (f)	**кашуля** (ж)	[ka'ʃulʲa]
calças (f pl)	**штаны** (мн)	[ʃta'nɨ]
calças (f pl) de ganga	**джынсы** (мн)	['ʤɨnsɨ]
casaco (m) de fato	**пінжак** (м)	[pin'ʒak]
fato (m)	**касцюм** (м)	[kas'ʦʉm]
vestido (ex. ~ vermelho)	**сукенка** (ж)	[su'kenka]
saia (f)	**спадніца** (ж)	[spad'niʦa]
blusa (f)	**блузка** (ж)	['bluska]
casaco (m) de malha	**кофта** (ж)	['kɔfta]
casaco, blazer (m)	**жакет** (м)	[ʒa'ket]
T-shirt, camiseta (f)	**футболка** (ж)	[fud'bɔlka]
calções (Bermudas, etc.)	**шорты** (мн)	['ʃɔrtɨ]
fato (m) de treino	**спартыўны касцюм** (м)	[spar'tɨwnɨ kas'ʦʉm]
roupão (m) de banho	**халат** (м)	[ha'lat]
pijama (m)	**піжама** (ж)	[pi'ʒama]
suéter (m)	**світэр** (м)	['svitɛr]
pulôver (m)	**пуловер** (м)	[pu'lɔver]
colete (m)	**камізэлька** (ж)	[kami'zɛlʲka]
fraque (m)	**фрак** (м)	['frak]
smoking (m)	**смокінг** (м)	['smɔkinɦ]
uniforme (m)	**форма** (ж)	['fɔrma]
roupa (f) de trabalho	**працоўнае адзенне** (н)	[pra'ʦɔwnae a'ʣenne]
fato-macaco (m)	**камбінезон** (м)	[kambine'zɔn]
bata (~ branca, etc.)	**халат** (м)	[ha'lat]

34. Vestuário. Roupa interior

roupa (f) interior	**бялізна** (ж)	[bʲa'lizna]
cuecas boxer (f pl)	**трусы** (мн)	[tru'sɨ]
cuecas (f pl)	**трусікі** (мн)	['trusiki]
camisola (f) interior	**майка** (ж)	['majka]
peúgas (f pl)	**шкарпэткі** (ж мн)	[ʃkar'pɛtki]
camisa (f) de noite	**начная кашуля** (ж)	[naʧ'naʲa ka'ʃulʲa]
sutiã (m)	**бюстгальтар** (м)	[bʉz'ɦalʲtar]
meias longas (f pl)	**гольфы** (мн)	['ɦɔlʲfɨ]
meia-calça (f)	**калготкі** (мн)	[kal'ɦɔtki]
meias (f pl)	**панчохі** (ж мн)	[pan'ʧɔhi]
fato (m) de banho	**купальнік** (м)	[ku'palʲnik]

35. Adereços de cabeça

chapéu (m)	**шапка** (ж)	['ʃapka]
chapéu (m) de feltro	**капялюш** (м)	[kapʲa'lʉʃ]
boné (m) de beisebol	**бейсболка** (ж)	[bejz'bɔlka]
boné (m)	**кепка** (ж)	['kepka]
boina (f)	**берэт** (м)	[bʲa'rɛt]
capuz (m)	**капюшон** (м)	[kapʉ'ʃɔn]
panamá (m)	**панамка** (ж)	[pa'namka]
gorro (m) de malha	**вязаная шапачка** (ж)	[vʲazanaʲa 'ʃapaʧka]
lenço (m)	**хустка** (ж)	['hustka]
chapéu (m) de mulher	**капялюшык** (м)	[kapʲa'lʉʃɨk]
capacete (m) de proteção	**каска** (ж)	['kaska]
bibico (m)	**пілотка** (ж)	[pi'lɔtka]
capacete (m)	**шлем** (м)	['ʃlem]
chapéu-coco (m)	**кацялок** (м)	[kaʦʲa'lɔk]
chapéu (m) alto	**цыліндр** (м)	[ʦɨ'lindr]

36. Calçado

calçado (m)	**абутак** (м)	[a'butak]
botinas (f pl)	**чаравікі** (м мн)	[ʧara'viki]
sapatos (de salto alto, etc.)	**туфлі** (м мн)	['tufli]
botas (f pl)	**боты** (м мн)	['bɔtɨ]
pantufas (f pl)	**тапачкі** (ж мн)	['tapaʧki]
ténis (m pl)	**красоўкі** (ж мн)	[kra'sɔwki]
sapatilhas (f pl)	**кеды** (м мн)	['kedɨ]
sandálias (f pl)	**сандалі** (ж мн)	[san'dali]
sapateiro (m)	**шавец** (м)	[ʃa'veʦ]
salto (m)	**абцас** (м)	[ap'ʦas]

par (m)	**пара** (ж)	['para]
atacador (m)	**шнурок** (м)	[ʃnu'rɔk]
apertar os atacadores	**шнураваць**	[ʃnura'vaʦʲ]
calçadeira (f)	**ражок** (м)	[ra'ʒɔk]
graxa (f) para calçado	**крэм** (м) **для абутку**	['krɛm dlʲa a'butku]

37. Acessórios pessoais

luvas (f pl)	**пальчаткі** (ж мн)	[palʲ'ʧatki]
mitenes (f pl)	**рукавіцы** (ж мн)	[ruka'viʦɨ]
cachecol (m)	**шалік** (м)	['ʃalik]
óculos (m pl)	**акуляры** (мн)	[aku'lʲarɨ]
armação (f) de óculos	**аправа** (ж)	[a'prava]
guarda-chuva (m)	**парасон** (м)	[para'sɔn]
bengala (f)	**палка** (ж)	['palka]
escova (f) para o cabelo	**шчотка** (ж) **для валасоў**	['ʃɕɔtka dlʲa vala'sɔw]
leque (m)	**веер** (м)	['veer]
gravata (f)	**гальштук** (м)	['ɦalʲʃtuk]
gravata-borboleta (f)	**гальштук-мушка** (ж)	['ɦalʲʃtuk 'muʃka]
suspensórios (m pl)	**шлейкі** (мн)	['ʃlejki]
lenço (m)	**насоўка** (ж)	[na'sɔwka]
pente (m)	**грабянец** (м)	[ɦrabʲa'neʦ]
travessão (m)	**заколка** (ж)	[za'kɔlka]
gancho (m) de cabelo	**шпілька** (ж)	['ʃpilʲka]
fivela (f)	**спражка** (ж)	['spraʃka]
cinto (m)	**пояс** (м)	['pɔʲas]
correia (f)	**рэмень** (м)	['rɛmenʲ]
mala (f)	**сумка** (ж)	['sumka]
mala (f) de senhora	**сумачка** (ж)	['sumaʧka]
mochila (f)	**рукзак** (м)	[rug'zak]

38. Vestuário. Diversos

moda (f)	**мода** (ж)	['mɔda]
na moda	**модны**	['mɔdnɨ]
estilista (m)	**мадэльер** (м)	[madɛ'lʲer]
colarinho (m), gola (f)	**каўнер** (м)	[kaw'ner]
bolso (m)	**кішэня** (ж)	[ki'ʃɛnʲa]
de bolso	**кішэнны**	[ki'ʃɛnnɨ]
manga (f)	**рукаў** (м)	[ru'kaw]
alcinha (f)	**вешалка** (ж)	['veʃalka]
braguilha (f)	**прарэх** (м)	[pra'rɛh]
fecho (m) de correr	**маланка** (ж)	[ma'lanka]
fecho (m), colchete (m)	**зашпілька** (ж)	[za'ʃpilʲka]
botão (m)	**гузік** (м)	['ɦuzik]

casa (f) de botão	**прарэшак** (м)	[pra'rɛʃak]
soltar-se (vr)	**адарвацца**	[adar'vaʦa]
coser, costurar (vi)	**шыць**	['ʃɨʦʲ]
bordar (vt)	**вышываць**	[vɨʃɨ'vaʦʲ]
bordado (m)	**вышыўка** (ж)	['vɨʃɨwka]
agulha (f)	**іголка** (ж)	[i'ɦɔlka]
fio (m)	**нітка** (ж)	['nitka]
costura (f)	**шво** (н)	['ʃvɔ]
sujar-se (vr)	**запэцкацца**	[za'pɛʦkaʦa]
mancha (f)	**пляма** (ж)	['plʲama]
engelhar-se (vr)	**памяцца**	[pa'mʲaʦa]
rasgar (vt)	**падраць**	[pad'raʦʲ]
traça (f)	**моль** (ж)	['mɔlʲ]

39. Cuidados pessoais. Cosméticos

pasta (f) de dentes	**зубная паста** (ж)	[zub'naʲa 'pasta]
escova (f) de dentes	**зубная шчотка** (ж)	[zub'naʲa 'ʃɕɔtka]
escovar os dentes	**чысціць зубы**	[ʧɨsʲʦiʦʲ zu'bɨ]
máquina (f) de barbear	**брытва** (ж)	['brɨtva]
creme (m) de barbear	**крэм** (м) **для галення**	['krɛm dlʲa ɦa'lɛnnʲa]
barbear-se (vr)	**галіцца**	[ɦa'liʦa]
sabonete (m)	**мыла** (н)	['mɨla]
champô (m)	**шампунь** (м)	[ʃam'punʲ]
tesoura (f)	**нажніцы** (мн)	[naʒ'niʦɨ]
lima (f) de unhas	**пілачка** (ж) **для пазногцяў**	['pilaʧka dlʲa paz'nɔɦʦʲaw]
corta-unhas (m)	**шчыпчыкі** (мн)	['ʃɕɨpʧɨki]
pinça (f)	**пінцэт** (м)	[pin'ʦɛt]
cosméticos (m pl)	**касметыка** (ж)	[kas'metɨka]
máscara (f) facial	**маска** (ж)	['maska]
manicura (f)	**манікюр** (м)	[mani'kʉr]
fazer a manicura	**рабіць манікюр**	[ra'biʦʲ mani'kʉr]
pedicure (f)	**педыкюр** (м)	[pedɨ'kʉr]
mala (f) de maquilhagem	**касметычка** (ж)	[kasme'tɨʧka]
pó (m)	**пудра** (ж)	['pudra]
caixa (f) de pó	**пудраніца** (ж)	['pudraniʦa]
blush (m)	**румяны** (мн)	[ru'mʲanɨ]
perfume (m)	**парфума** (ж)	[par'fuma]
água (f) de toilette	**туалетная вада** (ж)	[tua'letnaʲa va'da]
loção (f)	**ласьён** (м)	[la'sjɔn]
água-de-colónia (f)	**адэкалон** (м)	[adɛka'lɔn]
sombra (f) de olhos	**цені** (м мн) **для павек**	['ʦeni dlʲa pa'vek]
lápis (m) delineador	**аловак** (м) **для вачэй**	[a'lɔvaɦ dlʲa va'ʧɛj]
máscara (f), rímel (m)	**туш** (ж)	['tuʃ]
batom (m)	**губная памада** (ж)	[ɦub'naʲa pa'mada]

verniz (m) de unhas	**лак** (м) **для пазногцяў**	['laɦ dlʲa paz'nɔɦʦʲaw]
laca (f) para cabelos	**лак** (м) **для валасоў**	['laɦ dlʲa vala'sɔw]
desodorizante (m)	**дэзадарант** (м)	[dɛzada'rant]
creme (m)	**крэм** (м)	['krɛm]
creme (m) de rosto	**крэм** (м) **для твару**	['krɛm dlʲa 'tvaru]
creme (m) de mãos	**крэм** (м) **для рук**	['krɛm dlʲa 'ruk]
creme (m) antirrugas	**крэм** (м) **супраць зморшчын**	['krɛm 'supraʦʲ 'zmɔrʃɕɨn]
creme (m) de dia	**дзённы крэм** (м)	['ʣʲonnɨ 'krɛm]
creme (m) de noite	**начны крэм** (м)	[naʧ'nɨ 'krɛm]
de dia	**дзённы**	['ʣʲonnɨ]
da noite	**начны**	[naʧ'nɨ]
tampão (m)	**тампон** (м)	[tam'pɔn]
papel (m) higiénico	**туалетная папера** (ж)	[tua'letnaʲa pa'pera]
secador (m) elétrico	**фен** (м)	['fen]

40. Relógios de pulso. Relógios

relógio (m) de pulso	**гадзіннік** (м)	[ɦa'ʣinnik]
mostrador (m)	**цыферблат** (м)	[ʦɨfer'blat]
ponteiro (m)	**стрэлка** (ж)	['strɛlka]
bracelete (f) em aço	**бранзалет** (м)	[branza'let]
bracelete (f) em couro	**раменьчык** (м)	[ra'menʲʧɨk]
pilha (f)	**батарэйка** (ж)	[bata'rɛjka]
descarregar-se	**сесці**	['sesʲʦi]
trocar a pilha	**памяняць батарэйку**	[pamʲa'nʲaʦʲ bata'rɛjku]
estar adiantado	**спяшацца**	[spʲa'ʃaʦa]
estar atrasado	**адставаць**	[aʦta'vaʦʲ]
relógio (m) de parede	**гадзіннік** (м) **насценны**	[ɦa'ʣinnik nas'ʦennɨ]
ampulheta (f)	**гадзіннік** (м) **пясочны**	[ɦa'ʣinnik pʲa'sɔʧnɨ]
relógio (m) de sol	**гадзіннік** (м) **сонечны**	[ɦa'ʣinnik 'sɔneʧnɨ]
despertador (m)	**будзільнік** (м)	[bu'ʣilʲnik]
relojoeiro (m)	**гадзіншчык** (м)	[ɦa'ʣinʃɕɨk]
reparar (vt)	**рамантаваць**	[ramanta'vaʦʲ]

EXPERIÊNCIA DO QUOTIDIANO

41. Dinheiro

dinheiro (m)	**грошы** (мн)	['ɦrɔʃɨ]
câmbio (m)	**абмен** (м)	[ab'men]
taxa (f) de câmbio	**курс** (м)	['kurs]
Caixa Multibanco (m)	**банкамат** (м)	[banka'mat]
moeda (f)	**манета** (ж)	[ma'neta]
dólar (m)	**долар** (м)	['dɔlar]
euro (m)	**еўра** (м)	['ewra]
lira (f)	**ліра** (ж)	['lira]
marco (m)	**марка** (ж)	['marka]
franco (m)	**франк** (м)	['frank]
libra (f) esterlina	**фунт** (м) **стэрлінгаў**	['funt 'stɛrlinɦaw]
iene (m)	**іена** (ж)	[i'ena]
dívida (f)	**доўг** (м)	['dɔwɦ]
devedor (m)	**даўжнік** (м)	[dawʒ'nik]
emprestar (vt)	**даць у доўг**	['dats' u 'dɔwɦ]
pedir emprestado	**узяць у доўг**	[u'z'ats' u 'dɔwɦ]
banco (m)	**банк** (м)	['bank]
conta (f)	**рахунак** (м)	[ra'hunak]
depositar (vt)	**пакласці**	[pa'klas'tsi]
depositar na conta	**пакласці на рахунак**	[pa'klas'tsi na ra'hunak]
levantar (vt)	**зняць з рахунку**	['zn'ats' z ra'hunku]
cartão (m) de crédito	**крэдытная картка** (ж)	[krɛ'dɨtna'a 'kartka]
dinheiro (m) vivo	**гатоўка** (ж)	[ɦa'tɔwka]
cheque (m)	**чэк** (м)	['ʧɛk]
passar um cheque	**выпісаць чэк**	['vɨpisats' 'ʧɛk]
livro (m) de cheques	**чэкавая кніжка** (ж)	['ʧɛkava'a 'kniʃka]
carteira (f)	**бумажнік** (м)	[bu'maʒnik]
porta-moedas (m)	**кашалёк** (м)	[kaʃa'l'ok]
cofre (m)	**сейф** (м)	['sejf]
herdeiro (m)	**спадчыннік** (м)	['spaʧɨnnik]
herança (f)	**спадчына** (ж)	['spaʧɨna]
fortuna (riqueza)	**маёмасць** (ж)	['ma'omasts']
arrendamento (m)	**арэнда** (ж)	[a'rɛnda]
renda (f) de casa	**кватэрная плата** (ж)	[kva'tɛrna'a 'plata]
alugar (vt)	**наймаць**	[naj'mats']
preço (m)	**цана** (ж)	[tsa'na]
custo (m)	**кошт** (м)	['kɔʃt]

soma (f)	**сума** (ж)	['suma]
gastar (vt)	**траціць**	['tratsitsʲ]
gastos (m pl)	**выдаткі** (м мн)	[vɨ'datki]
economizar (vi)	**эканоміць**	[ɛka'nɔmitsʲ]
económico	**эканомны**	[ɛka'nɔmnɨ]
pagar (vt)	**плаціць**	[pla'tsitsʲ]
pagamento (m)	**аплата** (ж)	[a'plata]
troco (m)	**рэшта** (ж)	['rɛʃta]
imposto (m)	**падатак** (м)	[pa'datak]
multa (f)	**штраф** (м)	['ʃtraf]
multar (vt)	**штрафаваць**	[ʃtrafa'vatsʲ]

42. Correios. Serviço postal

correios (m pl)	**пошта** (ж)	['pɔʃta]
correio (m)	**пошта** (ж)	['pɔʃta]
carteiro (m)	**паштальён** (м)	[paʃta'ljɔn]
horário (m)	**гадзіны** (ж мн) **працы**	[ɦa'dzinɨ 'pratsɨ]
carta (f)	**ліст** (м)	['list]
carta (f) registada	**заказны ліст** (м)	[zakaz'nɨ 'list]
postal (m)	**паштоўка** (ж)	[paʃ'tɔwka]
telegrama (m)	**тэлеграма** (ж)	[tɛle'ɦrama]
encomenda (f) postal	**пасылка** (ж)	[pa'sɨlka]
remessa (f) de dinheiro	**грашовы перавод** (м)	[ɦra'ʃɔvɨ pera'vɔt]
receber (vt)	**атрымаць**	[atrɨ'matsʲ]
enviar (vt)	**адправіць**	[at'pravitsʲ]
envio (m)	**адпраўка** (ж)	[at'prawka]
endereço (m)	**адрас** (м)	['adras]
código (m) postal	**індэкс** (м)	['indɛks]
remetente (m)	**адпраўшчык** (м)	[at'prawʃɕɨk]
destinatário (m)	**атрымальнік** (м)	[atrɨ'malʲnik]
nome (m)	**імя** (н)	[i'mʲa]
apelido (m)	**прозвішча** (н)	['prɔzʲviʃɕa]
tarifa (f)	**тарыф** (м)	[ta'rɨf]
ordinário	**звычайны**	[zvɨ'tʃajnɨ]
económico	**эканамічны**	[ɛkana'mitʃnɨ]
peso (m)	**вага** (ж)	[va'ɦa]
pesar (estabelecer o peso)	**узважваць**	[uz'vaʒvatsʲ]
envelope (m)	**канверт** (м)	[kan'vert]
selo (m)	**марка** (ж)	['marka]

43. Banca

banco (m)	**банк** (м)	['bank]
sucursal, balcão (f)	**аддзяленне** (н)	[adzʲa'lenne]

consultor (m)	**кансультант** (м)	[kansulʲ'tant]
gerente (m)	**загадчык** (м)	[za'ɦatʃɨk]
conta (f)	**рахунак** (м)	[ra'hunak]
número (m) da conta	**нумар** (м) **рахунку**	['numar ra'hunku]
conta (f) corrente	**бягучы рахунак** (м)	[bʲa'ɦutʃɨ ra'hunak]
conta (f) poupança	**назапашвальны рахунак** (м)	[naza'paʃvalʲnɨ ra'hunak]
abrir uma conta	**адкрыць рахунак**	[atk'rɨtsʲ ra'hunak]
fechar uma conta	**закрыць рахунак**	[za'krɨtsʲ ra'hunak]
depositar na conta	**пакласці на рахунак**	[pa'klasʲtsi na ra'hunak]
levantar (vt)	**зняць з рахунку**	['znʲatsʲ z ra'hunku]
depósito (m)	**уклад** (м)	[u'klat]
fazer um depósito	**зрабіць уклад**	[zra'bitsʲ u'klat]
transferência (f) bancária	**перавод** (м)	[pera'vɔt]
transferir (vt)	**зрабіць перавод**	[zra'bitsʲ pera'vɔt]
soma (f)	**сума** (ж)	['suma]
Quanto?	**Колькі?**	['kɔlʲki]
assinatura (f)	**подпіс** (м)	['pɔtpis]
assinar (vt)	**падпісаць**	[patpi'satsʲ]
cartão (m) de crédito	**крэдытная картка** (ж)	[krɛ'dɨtnaʲa 'kartka]
código (m)	**код** (м)	['kɔt]
número (m) do cartão de crédito	**нумар** (м) **крэдытнай карткі**	['numar krɛ'dɨtnaj 'kartki]
Caixa Multibanco (m)	**банкамат** (м)	[banka'mat]
cheque (m)	**чэк** (м)	['tʃɛk]
passar um cheque	**выпісаць чэк**	['vɨpisatsʲ 'tʃɛk]
livro (m) de cheques	**чэкавая кніжка** (ж)	['tʃɛkavaʲa 'kniʃka]
empréstimo (m)	**крэдыт** (м)	[krɛ'dɨt]
pedir um empréstimo	**звяртацца па крэдыт**	[zvʲar'tatsa pa krɛ'dɨt]
obter um empréstimo	**браць крэдыт**	['bratsʲ krɛ'dɨt]
conceder um empréstimo	**даваць крэдыт**	[da'vatsʲ krɛ'dɨt]
garantia (f)	**гарантыя** (ж)	[ɦa'rantɨʲa]

44. Telefone. Conversação telefónica

telefone (m)	**тэлефон** (м)	[tɛle'fɔn]
telemóvel (m)	**мабільны тэлефон** (м)	[ma'bilʲnɨ tɛle'fɔn]
secretária (f) electrónica	**аўтаадказчык** (м)	[awtaat'kaʃɕɨk]
fazer uma chamada	**тэлефанаваць**	[tɛlefana'vatsʲ]
chamada (f)	**тэлефанаванне** (н)	[tɛlefana'vanne]
marcar um número	**набраць нумар**	[nab'ratsʲ 'numar]
Alô!	**алё!**	[a'lʲo]
perguntar (vt)	**спытаць**	[spɨ'tatsʲ]
responder (vt)	**адказаць**	[atka'zatsʲ]

ouvir (vt)	**чуць**	['ʧuʦʲ]
bem	**добра**	['dɔbra]
mal	**дрэнна**	['drɛnna]
ruído (m)	**перашкоды** (ж мн)	[pera'ʃkɔdɨ]
auscultador (m)	**трубка** (ж)	['trupka]
pegar o telefone	**зняць трубку**	['znʲaʦʲ 'trupku]
desligar (vi)	**пакласці трубку**	[pa'klasʲʦi 'trupku]
ocupado	**заняты**	[za'nʲatɨ]
tocar (vi)	**званіць**	[zva'niʦʲ]
lista (f) telefónica	**тэлефонная кніга** (ж)	[tɛle'fɔnnaʲa 'kniɦa]
local	**мясцовы**	[mʲas'ʦɔvɨ]
chamada (f) local	**мясцовы званок** (м)	[mʲas'ʦovɨ zva'nok]
de longa distância	**міжгародні**	[miʒɦa'rɔdni]
chamada (f) de longa distância	**міжгародні званок** (м)	[miʒɦa'rɔdni zva'nok]
internacional	**міжнародны**	[miʒna'rɔdnɨ]
chamada (f) internacional	**міжнародны званок** (м)	[miʒna'rɔdnɨ zva'nok]

45. Telefone móvel

telemóvel (m)	**мабільны тэлефон** (м)	[ma'bilʲnɨ tɛle'fɔn]
ecrã (m)	**дысплей** (м)	[dɨs'plej]
botão (m)	**кнопка** (ж)	['knɔpka]
cartão SIM (m)	**SIM-картка** (ж)	[sim'kartka]
bateria (f)	**батарэя** (ж)	[bata'rɛʲa]
descarregar-se	**разрадзіцца**	[razra'ʣiʦa]
carregador (m)	**зарадная прылада** (ж)	[za'radnaʲa prɨ'lada]
menu (m)	**меню** (н)	[me'nʉ]
definições (f pl)	**наладкі** (ж мн)	[na'latki]
melodia (f)	**мелодыя** (ж)	[me'lɔdɨʲa]
escolher (vt)	**выбраць**	['vɨbraʦʲ]
calculadora (f)	**калькулятар** (м)	[kalʲku'lʲatar]
correio (m) de voz	**галасавая пошта** (ж)	[ɦalasa'vaja 'poʃta]
despertador (m)	**будзільнік** (м)	[bu'ʣilʲnik]
contatos (m pl)	**тэлефонная кніга** (ж)	[tɛle'fɔnnaʲa 'kniɦa]
mensagem (f) de texto	**SMS-паведамленне** (н)	[ɛsɛ'mɛs pavedam'lenne]
assinante (m)	**абанент** (м)	[aba'nent]

46. Estacionário

caneta (f)	**аўтаручка** (ж)	[awta'ruʧka]
caneta (f) tinteiro	**ручка** (ж) **пёравая**	['ruʧka 'pʲoravaʲa]
lápis (m)	**аловак** (м)	[a'lɔvak]
marcador (m)	**маркёр** (м)	[mar'kʲor]

caneta (f) de feltro	**фламастэр** (м)	[fla'mastɛr]
bloco (m) de notas	**блакнот** (м)	[blak'nɔt]
agenda (f)	**штодзённік** (м)	[ʃtɔ'dzʲonnik]
régua (f)	**лінейка** (ж)	[li'nejka]
calculadora (f)	**калькулятар** (м)	[kalʲku'lʲatar]
borracha (f)	**сцірка** (ж)	['sʦirka]
pionés (m)	**кнопка** (ж)	['knɔpka]
clipe (m)	**сашчэпка** (ж)	[sa'ʃɕɛpka]
cola (f)	**клей** (м)	['klej]
agrafador (m)	**стэплер** (м)	['stɛpler]
furador (m)	**дзіркакол** (м)	[ʣirka'kɔl]
afia-lápis (m)	**тачылка** (ж)	[ta'ʧɨlka]

47. Línguas estrangeiras

língua (f)	**мова** (ж)	['mɔva]
estrangeiro	**замежны**	[za'meʒnɨ]
língua (f) estrangeira	**замежная мова** (ж)	[za'meʒnaʲa 'mɔva]
estudar (vt)	**вывучаць**	[vɨvu'ʧaʦʲ]
aprender (vt)	**вучыць**	[vu'ʧɨʦʲ]
ler (vt)	**чытаць**	[ʧɨ'taʦʲ]
falar (vi)	**гаварыць**	[ɦava'rɨʦʲ]
compreender (vt)	**разумець**	[razu'meʦʲ]
escrever (vt)	**пісаць**	[pi'saʦʲ]
rapidamente	**хутка**	['hutka]
devagar	**павольна**	[pa'vɔlʲna]
fluentemente	**лёгка**	['lʲoɦka]
regras (f pl)	**правілы** (н мн)	['pravilɨ]
gramática (f)	**граматыка** (ж)	[ɦra'matɨka]
vocabulário (m)	**лексіка** (ж)	['leksika]
fonética (f)	**фанетыка** (ж)	[fa'netɨka]
manual (m) escolar	**падручнік** (м)	[pad'ruʧnik]
dicionário (m)	**слоўнік** (м)	['slɔwnik]
manual (m) de autoaprendizagem	**самавучыцель** (м)	[samavu'ʧɨʦelʲ]
guia (m) de conversação	**размоўнік** (м)	[raz'mɔwnik]
cassete (f)	**касета** (ж)	[ka'seta]
vídeo cassete (m)	**відэакасета** (ж)	['vidɛa ka'seta]
CD (m)	**кампакт-дыск** (м)	[kam'pakt 'dɨsk]
DVD (m)	**DVD** (м)	[ʣiwi'ʣi]
alfabeto (m)	**алфавіт** (м)	[alfa'vit]
soletrar (vt)	**гаварыць па літарах**	[ɦava'rɨʦʲ pa 'litarah]
pronúncia (f)	**вымаўленне** (н)	[vɨmaw'lenne]
sotaque (m)	**акцэнт** (м)	[ak'ʦɛnt]
com sotaque	**з акцэнтам**	[z ak'ʦɛntam]

sem sotaque	**без акцэнту**	[bez ak'ʦɛntu]
palavra (f)	**слова** (н)	['slɔva]
sentido (m)	**сэнс** (м)	['sɛns]
cursos (m pl)	**курсы** (м мн)	['kursɨ]
inscrever-se (vr)	**запісацца**	[zapi'saʦa]
professor (m)	**выкладчык** (м)	[vɨk'latʧɨk]
tradução (processo)	**пераклад** (м)	[pera'klat]
tradução (texto)	**пераклад** (м)	[pera'klat]
tradutor (m)	**перакладчык** (м)	[pera'klatʧɨk]
intérprete (m)	**перакладчык** (м)	[pera'klatʧɨk]
poliglota (m)	**паліглот** (м)	[pali'ɦlɔt]
memória (f)	**памяць** (ж)	['pamʲaʦʲ]

REFEIÇÕES. RESTAURANTE

48. Por a mesa

colher (f)	**лыжка** (ж)	['lɨʃka]
faca (f)	**нож** (м)	['nɔʃ]
garfo (m)	**відэлец** (м)	[vi'dɛlets]
chávena (f)	**кубак** (м)	['kubak]
prato (m)	**талерка** (ж)	[ta'lerka]
pires (m)	**сподак** (м)	['spɔdak]
guardanapo (m)	**сурвэтка** (ж)	[sur'vɛtka]
palito (m)	**зубачыстка** (ж)	[zuba'ʧɨstka]

49. Restaurante

restaurante (m)	**рэстаран** (м)	[rɛsta'ran]
café (m)	**кавярня** (ж)	[ka'vʲarnʲa]
bar (m), cervejaria (f)	**бар** (м)	['bar]
salão (m) de chá	**чайны салон** (м)	['ʧajnɨ sa'lɔn]
empregado (m) de mesa	**афіцыянт** (м)	[afitsɨ'ʲant]
empregada (f) de mesa	**афіцыянтка** (ж)	[afitsɨ'ʲantka]
barman (m)	**бармэн** (м)	[bar'mɛn]
ementa (f)	**меню** (н)	[me'nʉ]
lista (f) de vinhos	**карта** (ж) **вінаў**	['karta 'vinaw]
reservar uma mesa	**забраніраваць столік**	[zabra'niravatsʲ 'stɔlik]
prato (m)	**страва** (ж)	['strava]
pedir (vt)	**заказаць**	[zaka'zatsʲ]
fazer o pedido	**зрабіць заказ**	[zra'bitsʲ za'kas]
aperitivo (m)	**аперытыў** (м)	[aperɨ'tɨw]
entrada (f)	**закуска** (ж)	[za'kuska]
sobremesa (f)	**дэсерт** (м)	[dɛ'sert]
conta (f)	**рахунак** (м)	[ra'hunak]
pagar a conta	**аплаціць рахунак**	[apla'tsitsʲ ra'hunak]
dar o troco	**даць рэшту**	['datsʲ 'rɛʃtu]
gorjeta (f)	**чаявыя** (мн)	[ʧaʲa'vɨʲa]

50. Refeições

comida (f)	**ежа** (ж)	['eʒa]
comer (vt)	**есці**	['esʲtsi]

pequeno-almoço (m)	**сняданак** (м)	[snʲa'danak]
tomar o pequeno-almoço	**снедаць**	['snedatsʲ]
almoço (m)	**абед** (м)	[a'bet]
almoçar (vi)	**абедаць**	[a'bedatsʲ]
jantar (m)	**вячэра** (ж)	[vʲa'ʧɛra]
jantar (vi)	**вячэраць**	[vʲa'ʧɛratsʲ]
apetite (m)	**апетыт** (м)	[ape'tɨt]
Bom apetite!	**Смачна есці!**	[smaʧna 'esʲtsi]
abrir (~ uma lata, etc.)	**адкрываць**	[atkrɨ'vatsʲ]
derramar (vt)	**разліць**	[raz'litsʲ]
derramar-se (vr)	**разліцца**	[raz'litsa]
ferver (vi)	**кіпець**	[ki'petsʲ]
ferver (vt)	**кіпяціць**	[kipʲa'tsitsʲ]
fervido	**кіпячоны**	[kipʲa'ʧɔnɨ]
arrefecer (vt)	**астудзіць**	[astu'dzitsʲ]
arrefecer-se (vr)	**астуджвацца**	[as'tudʒvatsa]
sabor, gosto (m)	**смак** (м)	['smak]
gostinho (m)	**прысмак** (м)	['prɨsmak]
fazer dieta	**худзець**	[hu'dzetsʲ]
dieta (f)	**дыета** (ж)	[dɨ'eta]
vitamina (f)	**вітамін** (м)	[vita'min]
caloria (f)	**калорыя** (ж)	[ka'lɔrɨʲa]
vegetariano (m)	**вегетарыянец** (м)	[veɦetarɨ'ʲanets]
vegetariano	**вегетарыянскі**	[veɦetarɨ'ʲanski]
gorduras (f pl)	**тлушчы** (м мн)	[tlu'ʃɕɨ]
proteínas (f pl)	**бялкі** (м мн)	[bʲal'ki]
carboidratos (m pl)	**вугляводы** (м мн)	[vuɦlʲa'vɔdɨ]
fatia (~ de limão, etc.)	**лустачка** (ж)	['lustaʧka]
pedaço (~ de bolo)	**кавалак** (м)	[ka'valak]
migalha (f)	**крошка** (ж)	['krɔʃka]

51. Pratos cozinhados

prato (m)	**страва** (ж)	['strava]
cozinha (~ portuguesa)	**кухня** (ж)	['kuhnʲa]
receita (f)	**рэцэпт** (м)	[rɛ'tsɛpt]
porção (f)	**порцыя** (ж)	['pɔrtsɨʲa]
salada (f)	**салата** (ж)	[sa'lata]
sopa (f)	**суп** (м)	['sup]
caldo (m)	**булён** (м)	[bu'lʲon]
sandes (f)	**бутэрброд** (м)	[butɛr'brɔt]
ovos (m pl) estrelados	**яечня** (ж)	[ʲa'eʧnʲa]
hambúrguer (m)	**гамбургер** (м)	['ɦamburɦer]
bife (m)	**біфштэкс** (м)	[bif'ʃtɛks]
conduto (m)	**гарнір** (м)	[ɦar'nir]

espaguete (m)	**спагеці** (мн)	[spa'ɦetsi]
puré (m) de batata	**бульбяное пюрэ** (н)	[bulʲbʲa'nɔe pʉ'rɛ]
pizza (f)	**піца** (ж)	['pitsa]
papa (f)	**каша** (ж)	['kaʃa]
omelete (f)	**амлет** (м)	[am'let]
cozido em água	**вараны**	['varanɨ]
fumado	**вэнджаны**	['vɛndʒanɨ]
frito	**смажаны**	['smaʒanɨ]
seco	**сушаны**	['suʃanɨ]
congelado	**замарожаны**	[zama'rɔʒanɨ]
em conserva	**марынаваны**	[marɨna'vanɨ]
doce (açucarado)	**салодкі**	[sa'lɔtki]
salgado	**салёны**	[sa'lʲonɨ]
frio	**халодны**	[ha'lɔdnɨ]
quente	**гарачы**	[ɦa'ratʃɨ]
amargo	**горкі**	['ɦɔrki]
gostoso	**смачны**	['smatʃnɨ]
cozinhar (em água a ferver)	**варыць**	[va'rɨtsʲ]
fazer, preparar (vt)	**гатаваць**	[ɦata'vatsʲ]
fritar (vt)	**смажыць**	['smaʒɨtsʲ]
aquecer (vt)	**разаграваць**	[razaɦra'vatsʲ]
salgar (vt)	**саліць**	[sa'litsʲ]
apimentar (vt)	**перчыць**	['pertʃɨtsʲ]
ralar (vt)	**драць**	['dratsʲ]
casca (f)	**лупіна** (ж)	[lu'pina]
descascar (vt)	**абіраць**	[abi'ratsʲ]

52. Comida

carne (f)	**мяса** (н)	['mʲasa]
galinha (f)	**курыца** (ж)	['kurɨtsa]
frango (m)	**кураня** (н)	[kura'nʲa]
pato (m)	**качка** (ж)	['katʃka]
ganso (m)	**гусь** (ж)	['ɦusʲ]
caça (f)	**дзічына** (ж)	[dzi'tʃɨna]
peru (m)	**індычка** (ж)	[in'dɨtʃka]
carne (f) de porco	**свініна** (ж)	[svi'nina]
carne (f) de vitela	**цяляціна** (ж)	[tsʲa'lʲatsina]
carne (f) de carneiro	**бараніна** (ж)	[ba'ranina]
carne (f) de vaca	**ялавічына** (ж)	['jalavitʃɨna]
carne (f) de coelho	**трус** (м)	['trus]
chouriço, salsichão (m)	**каўбаса** (ж)	[kawba'sa]
salsicha (f)	**сасіска** (ж)	[sa'siska]
bacon (m)	**бекон** (м)	[be'kɔn]
fiambre (f)	**вяндліна** (ж)	[vʲand'lina]
presunto (m)	**кумпяк** (м)	[kum'pʲak]
patê (m)	**паштэт** (м)	[paʃ'tɛt]
fígado (m)	**печань** (ж)	['petʃanʲ]

carne (f) moída	**фарш** (м)	['farʃ]
língua (f)	**язык** (м)	[ʲa'zɨk]
ovo (m)	**яйка** (н)	['ʲajka]
ovos (m pl)	**яйкі** (н мн)	['ʲajki]
clara (f) do ovo	**бялок** (м)	[bʲa'lɔk]
gema (f) do ovo	**жаўток** (м)	[ʒaw'tɔk]
peixe (m)	**рыба** (ж)	['rɨba]
mariscos (m pl)	**морапрадукты** (м мн)	[mɔrapra'duktɨ]
crustáceos (m pl)	**ракападобныя** (мн)	[rakapa'dobnɨʲa]
caviar (m)	**ікра** (ж)	[ik'ra]
caranguejo (m)	**краб** (м)	['krap]
camarão (m)	**крэветка** (ж)	[krɛ'vetka]
ostra (f)	**вустрыца** (ж)	['vustrɨʦa]
lagosta (f)	**лангуст** (м)	[lan'ɦust]
polvo (m)	**васьміног** (м)	[vasʲmi'nɔɦ]
lula (f)	**кальмар** (м)	[kalʲ'mar]
esturjão (m)	**асятрына** (ж)	[asʲa'trɨna]
salmão (m)	**ласось** (м)	[la'sɔsʲ]
halibute (m)	**палтус** (м)	['paltus]
bacalhau (m)	**траска** (ж)	[tras'ka]
cavala, sarda (f)	**скумбрыя** (ж)	['skumbrɨʲa]
atum (m)	**тунец** (м)	[tu'neʦ]
enguia (f)	**вугор** (м)	[vu'ɦɔr]
truta (f)	**стронга** (ж)	['strɔnɦa]
sardinha (f)	**сардзіна** (ж)	[sar'ʣina]
lúcio (m)	**шчупак** (м)	[ʃɕu'pak]
arenque (m)	**селядзец** (м)	[selʲa'ʣeʦ]
pão (m)	**хлеб** (м)	['hlep]
queijo (m)	**сыр** (м)	['sɨr]
açúcar (m)	**цукар** (м)	['ʦukar]
sal (m)	**соль** (ж)	['sɔlʲ]
arroz (m)	**рыс** (м)	['rɨs]
massas (f pl)	**макарона** (ж)	[maka'rɔna]
talharim (m)	**локшына** (ж)	['lɔkʃɨna]
manteiga (f)	**масла** (н)	['masla]
óleo (m) vegetal	**алей** (м)	[a'lej]
óleo (m) de girassol	**сланечнікавы алей** (м)	[sla'neʧnikavɨ a'lej]
margarina (f)	**маргарын** (м)	[marɦa'rɨn]
azeitonas (f pl)	**алівы** (ж мн)	[a'livɨ]
azeite (m)	**алей** (м) **аліўкавы**	[a'lej a'liwkavɨ]
leite (m)	**малако** (н)	[mala'kɔ]
leite (m) condensado	**згушчанае малако** (н)	['zɦuʃɕanae mala'kɔ]
iogurte (m)	**ёгурт** (м)	['ʲoɦurt]
nata (f) azeda	**смятана** (ж)	[smʲa'tana]
nata (f) do leite	**вяршкі** (мн)	[vʲar'ʃki]

maionese (f)	**маянэз** (м)	[maʲa'nɛs]
creme (m)	**крэм** (м)	['krɛm]
grãos (m pl) de cereais	**крупы** (мн)	['krupɨ]
farinha (f)	**мука** (ж)	[mu'ka]
enlatados (m pl)	**кансервы** (ж мн)	[kan'servɨ]
flocos (m pl) de milho	**кукурузныя шматкі** (м мн)	[kuku'ruznɨʲa ʃmat'ki]
mel (m)	**мёд** (м)	['mʲot]
doce (m)	**джэм** (м)	['ʤɛm]
pastilha (f) elástica	**жавальная гумка** (ж)	[ʒa'valʲnaʲa 'ɦumka]

53. Bebidas

água (f)	**вада** (ж)	[va'da]
água (f) potável	**пітная вада** (ж)	[pit'naʲa va'da]
água (f) mineral	**мінеральная вада** (ж)	[mine'ralʲnaʲa va'da]
sem gás	**без газу**	[bʲaz 'ɦazu]
gaseificada	**газіраваны**	[ɦazira'vanɨ]
com gás	**з газам**	[z 'ɦazam]
gelo (m)	**лёд** (м)	['lʲot]
com gelo	**з лёдам**	[zʲ 'lʲodam]
sem álcool	**безалкагольны**	[bezalka'ɦɔlʲnɨ]
bebida (f) sem álcool	**безалкагольны напітак** (м)	[bezalka'ɦɔlʲnɨ na'pitak]
refresco (m)	**прахаладжальны напітак** (м)	[prahala'ʤalʲnɨ na'pitak]
limonada (f)	**ліманад** (м)	[lima'nat]
bebidas (f pl) alcoólicas	**алкагольныя напіткі** (м мн)	[alka'ɦɔlʲnɨʲa na'pitki]
vinho (m)	**віно** (н)	[vi'nɔ]
vinho (m) branco	**белае віно** (н)	['belae vi'nɔ]
vinho (m) tinto	**чырвонае віно** (н)	[ʧɨr'vɔnae vi'nɔ]
licor (m)	**лікёр** (м)	[li'kʲor]
champanhe (m)	**шампанскае** (н)	[ʃam'panskae]
vermute (m)	**вермут** (м)	['vermut]
uísque (m)	**віскі** (н)	['viski]
vodka (f)	**гарэлка** (ж)	[ɦa'rɛlka]
gim (m)	**джын** (м)	['ʤɨn]
conhaque (m)	**каньяк** (м)	[ka'nʲak]
rum (m)	**ром** (м)	['rɔm]
café (m)	**кава** (ж)	['kava]
café (m) puro	**чорная кава** (ж)	['ʧɔrnaʲa 'kava]
café (m) com leite	**кава** (ж) **з малаком**	['kava z mala'kɔm]
cappuccino (m)	**кава** (ж) **з вяршкамі**	['kava zʲ vʲarʃ'kami]
café (m) solúvel	**растваральная кава** (ж)	[rastva'ralʲnaʲa 'kava]
leite (m)	**малако** (н)	[mala'kɔ]
coquetel (m)	**кактэйль** (м)	[kak'tɛjlʲ]
batido (m) de leite	**малочны кактэйль** (м)	[ma'lɔʧnɨ kak'tɛjlʲ]

sumo (m)	**сок** (м)	['sɔk]
sumo (m) de tomate	**таматны сок** (м)	[ta'matnɨ 'sɔk]
sumo (m) de laranja	**апельсінавы сок** (м)	[apelʲ'sinavɨ 'sɔk]
sumo (m) fresco	**свежавыціснуты сок** (м)	[sveʒa'vɨʦisnutɨ 'sɔk]
cerveja (f)	**піва** (н)	['piva]
cerveja (f) clara	**светлае піва** (н)	['svetlae 'piva]
cerveja (f) preta	**цёмнае піва** (н)	['ʦʲomnae 'piva]
chá (m)	**чай** (м)	['ʧaj]
chá (m) preto	**чорны чай** (м)	['ʧɔrnɨ 'ʧaj]
chá (m) verde	**зялёны чай** (м)	[zʲa'lʲonɨ 'ʧaj]

54. Vegetais

legumes (m pl)	**гародніна** (ж)	[ɦa'rɔdnina]
verduras (f pl)	**зяляніна** (ж)	[zelʲa'nina]
tomate (m)	**памідор** (м)	[pami'dɔr]
pepino (m)	**агурок** (м)	[aɦu'rɔk]
cenoura (f)	**морква** (ж)	['mɔrkva]
batata (f)	**бульба** (ж)	['bulʲba]
cebola (f)	**цыбуля** (ж)	[ʦɨ'bulʲa]
alho (m)	**часнок** (м)	[ʧas'nɔk]
couve (f)	**капуста** (ж)	[ka'pusta]
couve-flor (f)	**квяцістая капуста** (ж)	[kvʲa'ʦistaʲa ka'pusta]
couve-de-bruxelas (f)	**брусельская капуста** (ж)	[bru'selʲskaʲa ka'pusta]
brócolos (m pl)	**капуста** (ж) **браколі**	[ka'pusta bra'kɔli]
beterraba (f)	**бурак** (м)	[bu'rak]
beringela (f)	**баклажан** (м)	[bakla'ʒan]
curgete (f)	**кабачок** (м)	[kaba'ʧɔk]
abóbora (f)	**гарбуз** (м)	[ɦar'bus]
nabo (m)	**рэпа** (ж)	['rɛpa]
salsa (f)	**пятрушка** (ж)	[pʲat'ruʃka]
funcho, endro (m)	**кроп** (м)	['krɔp]
alface (f)	**салата** (ж)	[sa'lata]
aipo (m)	**сельдэрэй** (м)	[selʲdɛ'rɛj]
espargo (m)	**спаржа** (ж)	['sparʒa]
espinafre (m)	**шпінат** (м)	[ʃpi'nat]
ervilha (f)	**гарох** (м)	[ɦa'rɔh]
fava (f)	**боб** (м)	['bɔp]
milho (m)	**кукуруза** (ж)	[kuku'ruza]
feijão (m)	**фасоля** (ж)	[fa'sɔlʲa]
pimentão (m)	**перац** (м)	['peraʦ]
rabanete (m)	**радыска** (ж)	[ra'dɨska]
alcachofra (f)	**артышок** (м)	[artɨ'ʃɔk]

55. Frutos. Nozes

fruta (f)	**фрукт** (м)	['frukt]
maçã (f)	**яблык** (м)	['ʲablɨk]
pera (f)	**груша** (ж)	['ɦruʃa]
limão (m)	**лімон** (м)	[li'mɔn]
laranja (f)	**апельсін** (м)	[apelʲ'sin]
morango (m)	**клубніцы** (ж мн)	[klub'nitsɨ]
tangerina (f)	**мандарын** (м)	[manda'rɨn]
ameixa (f)	**сліва** (ж)	['sliva]
pêssego (m)	**персік** (м)	['persik]
damasco (m)	**абрыкос** (м)	[abrɨ'kɔs]
framboesa (f)	**маліны** (ж мн)	[ma'linɨ]
ananás (m)	**ананас** (м)	[ana'nas]
banana (f)	**банан** (м)	[ba'nan]
melancia (f)	**кавун** (м)	[ka'vun]
uva (f)	**вінаград** (м)	[vina'ɦrat]
ginja (f)	**вішня** (ж)	['viʃnʲa]
cereja (f)	**чарэшня** (ж)	[ʧa'rɛʃnʲa]
meloa (f)	**дыня** (ж)	['dɨnʲa]
toranja (f)	**грэйпфрут** (м)	[ɦrɛjp'frut]
abacate (m)	**авакада** (н)	[ava'kada]
papaia (f)	**папайя** (ж)	[pa'paʲa]
manga (f)	**манга** (н)	['manɦa]
romã (f)	**гранат** (м)	[ɦra'nat]
groselha (f) vermelha	**чырвоныя парэчкі** (ж мн)	[ʧɨr'vɔnɨʲa pa'rɛʧki]
groselha (f) preta	**чорныя парэчкі** (ж мн)	['ʧɔrnɨʲa pa'rɛʧki]
groselha (f) espinhosa	**агрэст** (м)	[aɦ'rɛst]
mirtilo (m)	**чарніцы** (ж мн)	[ʧar'nitsɨ]
amora silvestre (f)	**ажыны** (ж мн)	[a'ʒɨnɨ]
uvas (f pl) passas	**разынкі** (ж мн)	[ra'zɨnki]
figo (m)	**інжыр** (м)	[in'ʒɨr]
tâmara (f)	**фінік** (м)	['finik]
amendoim (m)	**арахіс** (м)	[a'rahis]
amêndoa (f)	**міндаль** (м)	[min'dalʲ]
noz (f)	**арэх** (м)	[a'rɛh]
avelã (f)	**арэх** (м)	[a'rɛh]
coco (m)	**арэх** (м) **какосавы**	[a'rɛh ka'kɔsavɨ]
pistáchios (m pl)	**фісташкі** (ж мн)	[fis'taʃki]

56. Pão. Bolaria

pastelaria (f)	**кандытарскія вырабы** (м мн)	[kan'dɨtarskiʲa 'vɨrabɨ]
pão (m)	**хлеб** (м)	['hlep]
bolacha (f)	**печыва** (н)	['peʧɨva]
chocolate (m)	**шакалад** (м)	[ʃaka'lat]

de chocolate	**шакаладны**	[ʃaka'ladnɨ]
rebuçado (m)	**цукерка** (ж)	[ʦu'kerka]
bolo (cupcake, etc.)	**пірожнае** (н)	[pi'rɔʒnae]
bolo (m) de aniversário	**торт** (м)	['tɔrt]
tarte (~ de maçã)	**пірог** (м)	[pi'rɔɦ]
recheio (m)	**начынка** (ж)	[na'ʧɨnka]
doce (m)	**варэнне** (н)	[va'rɛnne]
geleia (f) de frutas	**мармелад** (м)	[marme'lat]
waffle (m)	**вафлі** (ж мн)	['vafli]
gelado (m)	**марожанае** (н)	[ma'rɔʒanae]

57. Especiarias

sal (m)	**соль** (ж)	['sɔlʲ]
salgado	**салёны**	[sa'lʲonɨ]
salgar (vt)	**саліць**	[sa'liʦʲ]
pimenta (f) preta	**чорны перац** (м)	['ʧɔrnɨ 'peraʦ]
pimenta (f) vermelha	**чырвоны перац** (м)	[ʧɨr'vɔnɨ 'peraʦ]
mostarda (f)	**гарчыца** (ж)	[ɦar'ʧɨʦa]
raiz-forte (f)	**хрэн** (м)	['hrɛn]
condimento (m)	**прыправа** (ж)	[prɨp'rava]
especiaria (f)	**духмяная спецыя** (ж)	[duh'mʲanaʲa 'speʦɨʲa]
molho (m)	**соус** (м)	['sɔus]
vinagre (m)	**воцат** (м)	['vɔʦat]
anis (m)	**аніс** (м)	[a'nis]
manjericão (m)	**базілік** (м)	[bazi'lik]
cravo (m)	**гвазддзіка** (ж)	[ɦvazʲ'ʣika]
gengibre (m)	**імбір** (м)	[im'bir]
coentro (m)	**каляндра** (ж)	[ka'lʲandra]
canela (f)	**карыца** (ж)	[ka'rɨʦa]
sésamo (m)	**кунжут** (м)	[kun'ʒut]
folhas (f pl) de louro	**лаўровы ліст** (м)	[law'rɔvɨ 'list]
páprica (f)	**папрыка** (ж)	['paprɨka]
cominho (m)	**кмен** (м)	['kmen]
açafrão (m)	**шафран** (м)	[ʃaf'ran]

INFORMAÇÃO PESSOAL. FAMÍLIA

58. Informação pessoal. Formulários

nome (m)	**імя** (н)	[i'mʲa]
apelido (m)	**прозвішча** (н)	['prɔzʲviʃɕa]
data (f) de nascimento	**дата** (ж) **нараджэння**	['data nara'ʤɛnnʲa]
local (m) de nascimento	**месца** (н) **нараджэння**	['mesʲʦa nara'ʤɛnnʲa]
nacionalidade (f)	**нацыянальнасць** (ж)	[naʦɨʲa'nalʲnasʦʲ]
lugar (m) de residência	**месца** (н) **жыхарства**	['mesʲʦa ʒɨ'harstva]
país (m)	**краіна** (ж)	[kra'ina]
profissão (f)	**прафесія** (ж)	[pra'fesiʲa]
sexo (m)	**пол** (м)	['pɔl]
estatura (f)	**рост** (м)	['rɔst]
peso (m)	**вага** (ж)	[va'ɦa]

59. Membros da família. Parentes

mãe (f)	**маці** (ж)	['maʦi]
pai (m)	**бацька** (м)	['baʦʲka]
filho (m)	**сын** (м)	['sɨn]
filha (f)	**дачка** (ж)	[daʧ'ka]
filha (f) mais nova	**малодшая дачка** (ж)	[ma'lɔtʃaʲa daʧ'ka]
filho (m) mais novo	**малодшы сын** (м)	[ma'lɔtʃɨ 'sɨn]
filha (f) mais velha	**старэйшая дачка** (ж)	[sta'rɛjʃaʲa daʧ'ka]
filho (m) mais velho	**старэйшы сын** (м)	[sta'rɛjʃɨ 'sɨn]
irmão (m)	**брат** (м)	['brat]
irmão (m) mais velho	**старшы брат** (м)	['starʃɨ 'brat]
irmão (m) mais novo	**меншы брат** (м)	['menʃɨ 'brat]
irmã (f)	**сястра** (ж)	[sʲast'ra]
irmã (f) mais velha	**старшая сястра** (ж)	['starʃaʲa sʲas'tra]
irmã (f) mais nova	**малодшая сястра** (ж)	[ma'lɔtʃaʲa sʲas'tra]
primo (m)	**стрыечны брат** (м)	[strɨ'eʧnɨ 'brat]
prima (f)	**стрыечная сястра** (ж)	[strɨ'eʧnaʲa sʲas'tra]
mamã (f)	**мама** (ж)	['mama]
papá (m)	**тата** (м)	['tata]
pais (pl)	**бацькі** (мн)	[baʦʲ'ki]
criança (f)	**дзіця** (н)	[ʣi'ʦʲa]
crianças (f pl)	**дзеці** (н мн)	['ʣeʦi]
avó (f)	**бабуля** (ж)	[ba'bulʲa]
avô (m)	**дзядуля** (м)	[ʣʲa'dulʲa]
neto (m)	**унук** (м)	[u'nuk]

neta (f)	**унучка** (ж)	[u'nutʃka]
netos (pl)	**унукі** (м мн)	[u'nuki]
tio (m)	**дзядзька** (м)	['dzʲatsʲka]
tia (f)	**цётка** (ж)	['tsʲotka]
sobrinho (m)	**пляменнік** (м)	[plʲa'mennik]
sobrinha (f)	**пляменніца** (ж)	[plʲa'mennitsa]
sogra (f)	**цешча** (ж)	['tseʃɕa]
sogro (m)	**свёкар** (м)	['svʲokar]
genro (m)	**зяць** (м)	['zʲatsʲ]
madrasta (f)	**мачаха** (ж)	['matʃaha]
padrasto (m)	**айчым** (м)	[aj'tʃɨm]
criança (f) de colo	**груднoе дзіця** (н)	[ɦrud'nɔe dzi'tsʲa]
bebé (m)	**немаўля** (н)	[nemaw'lʲa]
menino (m)	**малыш** (м)	[ma'lɨʃ]
mulher (f)	**жонка** (ж)	['ʒɔnka]
marido (m)	**муж** (м)	['muʃ]
esposo (m)	**муж** (м)	['muʃ]
esposa (f)	**жонка** (ж)	['ʒɔnka]
casado	**жанаты**	[ʒa'natɨ]
casada	**замужняя**	[za'muʒnæʲa]
solteiro	**халасты**	[halas'tɨ]
solteirão (m)	**халасцяк** (м)	[halas'tsʲak]
divorciado	**разведзены**	[raz'vedzenɨ]
viúva (f)	**удава** (ж)	[u'dava]
viúvo (m)	**удавец** (м)	[uda'vets]
parente (m)	**сваяк** (м)	[sva'ʲak]
parente (m) próximo	**блізкі сваяк** (м)	[bliski sva'ʲak]
parente (m) distante	**далёкі сваяк** (м)	[da'lʲoki sva'ʲak]
parentes (m pl)	**сваякі** (м мн)	[svaʲa'ki]
órfão (m), órfã (f)	**сірата** (м, ж)	[sira'ta]
tutor (m)	**апякун** (м)	[apʲa'kun]
adotar (um filho)	**усынавіць**	[usɨna'vitsʲ]
adotar (uma filha)	**удачарыць**	[udatʃa'rɨtsʲ]

60. Amigos. Colegas de trabalho

amigo (m)	**сябар** (м)	['sʲabar]
amiga (f)	**сяброўка** (ж)	[sʲab'rɔwka]
amizade (f)	**сяброўства** (н)	[sʲab'rɔwstva]
ser amigos	**сябраваць**	[sʲabra'vatsʲ]
amigo (m)	**прыяцель** (м)	['prɨʲatselʲ]
amiga (f)	**прыяцелька** (ж)	['prɨʲatselʲka]
parceiro (m)	**партнёр** (м)	[part'nʲor]
chefe (m)	**шэф** (м)	['ʃɛf]
superior (m)	**начальнік** (м)	[na'tʃalʲnik]

proprietário (m)	**уладальнік** (м)	[ula'dalʲnik]
subordinado (m)	**падначалены** (м)	[padna'ʧaleni]
colega (m)	**калега** (м, ж)	[ka'leɦa]
conhecido (m)	**знаёмы** (м)	[zna'ʲomɨ]
companheiro (m) de viagem	**спадарожнік** (м)	[spada'rɔʒnik]
colega (m) de classe	**аднакласнік** (м)	[adna'klasnik]
vizinho (m)	**сусед** (м)	[su'set]
vizinha (f)	**суседка** (ж)	[su'setka]
vizinhos (pl)	**суседзі** (м мн)	[su'sedzi]

CORPO HUMANO. MEDICINA

61. Cabeça

cabeça (f)	**галава** (ж)	[ɦala'va]
cara (f)	**твар** (м)	['tvar]
nariz (m)	**нос** (м)	['nɔs]
boca (f)	**рот** (м)	['rɔt]
olho (m)	**вока** (н)	['vɔka]
olhos (m pl)	**вочы** (н мн)	['vɔʧɨ]
pupila (f)	**зрэнка** (ж)	['zrɛnka]
sobrancelha (f)	**брыво** (н)	[brɨ'vɔ]
pestana (f)	**вейка** (ж)	['vejka]
pálpebra (f)	**павека** (н)	[pa'veka]
língua (f)	**язык** (м)	[ʲa'zɨk]
dente (m)	**зуб** (м)	['zup]
lábios (m pl)	**губы** (ж мн)	['ɦubɨ]
maçãs (f pl) do rosto	**скулы** (ж мн)	['skulɨ]
gengiva (f)	**дзясна** (ж)	[ʣʲas'na]
palato (m)	**паднябенне** (н)	[padnʲa'benne]
narinas (f pl)	**ноздры** (ж мн)	['nɔzdrɨ]
queixo (m)	**падбародак** (м)	[padba'rɔdak]
mandíbula (f)	**сківіца** (ж)	['skiviʦa]
bochecha (f)	**шчака** (ж)	[ʃɕa'ka]
testa (f)	**лоб** (м)	['lɔp]
têmpora (f)	**скронь** (ж)	['skrɔnʲ]
orelha (f)	**вуха** (н)	['vuha]
nuca (f)	**патыліца** (ж)	[pa'tɨliʦa]
pescoço (m)	**шыя** (ж)	['ʃɨʲa]
garganta (f)	**горла** (н)	['ɦɔrla]
cabelos (m pl)	**валасы** (м мн)	[vala'sɨ]
penteado (m)	**прычоска** (ж)	[prɨ'ʧɔska]
corte (m) de cabelo	**стрыжка** (ж)	['strɨʃka]
peruca (f)	**парык** (м)	[pa'rɨk]
bigode (m)	**вусы** (м мн)	['vusɨ]
barba (f)	**барада** (ж)	[bara'da]
usar, ter (~ barba, etc.)	**насіць**	[na'siʦʲ]
trança (f)	**каса** (ж)	[ka'sa]
suíças (f pl)	**бакенбарды** (мн)	[baken'bardɨ]
ruivo	**рыжы**	['rɨʒɨ]
grisalho	**сівы**	[si'vɨ]
calvo	**лысы**	['lɨsɨ]
calva (f)	**лысіна** (ж)	['lɨsina]

rabo-de-cavalo (m)	**хвост** (м)	['hvɔst]
franja (f)	**чубок** (м)	[ʧu'bɔk]

62. Corpo humano

mão (f)	**кісць** (ж)	['kisʦʲ]
braço (m)	**рука** (ж)	[ru'ka]
dedo (m)	**палец** (м)	['paleʦ]
dedo (m) do pé	**палец** (м)	['paleʦ]
polegar (m)	**вялікі палец** (м)	[vʲa'liki 'paleʦ]
dedo (m) mindinho	**мезенец** (м)	['mezeneʦ]
unha (f)	**пазногаць** (м)	[paz'nɔɦaʦʲ]
punho (m)	**кулак** (м)	[ku'lak]
palma (f) da mão	**далонь** (ж)	[da'lɔnʲ]
pulso (m)	**запясце** (н)	[za'pʲasʲʦe]
antebraço (m)	**перадплечча** (н)	[perat'pleʧa]
cotovelo (m)	**локаць** (м)	['lɔkaʦʲ]
ombro (m)	**плячо** (н)	[plʲa'ʧɔ]
perna (f)	**нага** (ж)	[na'ɦa]
pé (m)	**ступня** (ж)	[stup'nʲa]
joelho (m)	**калена** (н)	[ka'lena]
barriga (f) da perna	**лытка** (ж)	['lɨtka]
anca (f)	**сцягно** (н)	[sʦʲaɦ'nɔ]
calcanhar (m)	**пятка** (ж)	['pʲatka]
corpo (m)	**цела** (н)	['ʦela]
barriga (f)	**жывот** (м)	[ʒɨ'vɔt]
peito (m)	**грудзі** (мн)	['ɦruʤi]
seio (m)	**грудзі** (мн)	['ɦruʤi]
lado (m)	**бок** (м)	['bɔk]
costas (f pl)	**спіна** (ж)	['spina]
região (f) lombar	**паясніца** (ж)	[paʲas'niʦa]
cintura (f)	**талія** (ж)	['taliʲa]
umbigo (m)	**пупок** (м)	[pu'pɔk]
nádegas (f pl)	**ягадзіцы** (ж мн)	['ʲaɦaʣiʦɨ]
traseiro (m)	**зад** (м)	['zat]
sinal (m)	**радзімка** (ж)	[ra'ʣimka]
sinal (m) de nascença	**радзімая пляма** (ж)	[ra'ʣimaʲa 'plʲama]
tatuagem (f)	**татуіроўка** (ж)	[tatui'rɔwka]
cicatriz (f)	**шрам** (м)	['ʃram]

63. Doenças

doença (f)	**хвароба** (ж)	[hva'rɔba]
estar doente	**хварэць**	[hva'rɛʦʲ]
saúde (f)	**здароўе** (н)	[zda'rɔwe]
nariz (m) a escorrer	**насмарк** (м)	['nasmark]

amigdalite (f)	**ангіна** (ж)	[an'ɦina]
constipação (f)	**прастуда** (ж)	[pra'studa]
constipar-se (vr)	**прастудзіцца**	[prastu'ʣiʦa]
bronquite (f)	**бранхіт** (м)	[bran'hit]
pneumonia (f)	**запаленне** (н) **лёгкіх**	[zapa'lenne 'lʲoɦkih]
gripe (f)	**грып** (м)	['ɦrɨp]
míope	**блізарукі**	[bliza'ruki]
presbita	**дальназоркі**	[dalʲna'zɔrki]
estrabismo (m)	**касавокасць** (ж)	[kasa'vɔkasʦʲ]
estrábico	**касавокі**	[kasa'vɔki]
catarata (f)	**катаракта** (ж)	[kata'rakta]
glaucoma (m)	**глаўкома** (ж)	[ɦlaw'kɔma]
AVC (m), apoplexia (f)	**інсульт** (м)	[in'sulʲt]
ataque (m) cardíaco	**інфаркт** (м)	[in'farkt]
enfarte (m) do miocárdio	**інфаркт** (м) **міякарда**	[in'farkt miʲa'karda]
paralisia (f)	**параліч** (м)	[para'liʧ]
paralisar (vt)	**паралізаваць**	[paraliza'vaʦʲ]
alergia (f)	**алергія** (ж)	[aler'ɦiʲa]
asma (f)	**астма** (ж)	['astma]
diabetes (f)	**дыябет** (м)	[dɨʲa'bet]
dor (f) de dentes	**зубны боль** (м)	[zub'nɨ 'bɔlʲ]
cárie (f)	**карыес** (м)	['karɨes]
diarreia (f)	**дыярэя** (ж)	[dɨʲa'rɛʲa]
prisão (f) de ventre	**запор** (м)	[za'pɔr]
desarranjo (m) intestinal	**расстройства** (н) **страўніка**	[ras'strɔjstva 'strawnika]
intoxicação (f) alimentar	**атручванне** (н)	[a'truʧvanne]
intoxicar-se	**атруціцца**	[atru'ʦiʦa]
artrite (f)	**артрыт** (м)	[art'rɨt]
raquitismo (m)	**рахіт** (м)	[ra'hit]
reumatismo (m)	**рэўматызм** (м)	[rɛwma'tɨzm]
arteriosclerose (f)	**атэрасклероз** (м)	[atɛraskle'rɔs]
gastrite (f)	**гастрыт** (м)	[ɦas'trɨt]
apendicite (f)	**апендыцыт** (м)	[apendɨ'ʦɨt]
colecistite (f)	**халецыстыт** (м)	[haleʦɨs'tɨt]
úlcera (f)	**язва** (ж)	['ʲazva]
sarampo (m)	**адзёр** (м)	[a'ʣʲor]
rubéola (f)	**краснуха** (ж)	[kras'nuha]
iterícia (f)	**жаўтуха** (ж)	[ʒaw'tuha]
hepatite (f)	**гепатыт** (м)	[ɦepa'tɨt]
esquizofrenia (f)	**шызафрэнія** (ж)	[ʃɨzafrɛ'niʲa]
raiva (f)	**шаленства** (н)	[ʃa'lenstva]
neurose (f)	**неўроз** (м)	[new'rɔs]
comoção (f) cerebral	**страсенне** (н) **мазгоў**	[stra'senne maz'ɦɔw]
cancro (m)	**рак** (м)	['rak]
esclerose (f)	**склероз** (м)	[skle'rɔs]

esclerose (f) múltipla	**рассеяны склероз** (м)	[ras'seʲanɨ skle'rɔs]
alcoolismo (m)	**алкагалізм** (м)	[alkaɦa'lizm]
alcoólico (m)	**алкаголік** (м)	[alka'ɦɔlik]
sífilis (f)	**сіфіліс** (м)	['sifilis]
SIDA (f)	**СНІД** (м)	['snit]
tumor (m)	**пухліна** (ж)	[puh'lina]
maligno	**злаякасная**	[zla'ʲakasnaʲa]
benigno	**дабраякасная**	[dabra'ʲakasnaʲa]
febre (f)	**ліхаманка** (ж)	[liha'manka]
malária (f)	**малярыя** (ж)	[malʲa'rɨʲa]
gangrena (f)	**гангрэна** (ж)	[ɦan'ɦrɛna]
enjoo (m)	**марская хвароба** (ж)	[mar'skaʲa hva'rɔba]
epilepsia (f)	**эпілепсія** (ж)	[ɛpi'lepsiʲa]
epidemia (f)	**эпідэмія** (ж)	[ɛpi'dɛmiʲa]
tifo (m)	**тыф** (м)	['tɨf]
tuberculose (f)	**сухоты** (мн)	[su'hɔtɨ]
cólera (f)	**халера** (ж)	[ha'lera]
peste (f)	**чума** (ж)	[ʧu'ma]

64. Sintomas. Tratamentos. Parte 1

sintoma (m)	**сімптом** (м)	[simp'tɔm]
temperatura (f)	**тэмпература** (ж)	[tɛmpera'tura]
febre (f)	**высокая тэмпература** (ж)	[vɨ'sɔkaʲa tɛmpera'tura]
pulso (m)	**пульс** (м)	['pulʲs]
vertigem (f)	**галавакружэнне** (н)	[ɦalava'kruʒɛnne]
quente (testa, etc.)	**гарачы**	[ɦa'raʧɨ]
calafrio (m)	**дрыжыкі** (мн)	['drɨʒɨki]
pálido	**бледны**	['blednɨ]
tosse (f)	**кашаль** (м)	['kaʃalʲ]
tossir (vi)	**кашляць**	['kaʃlʲaʦʲ]
espirrar (vi)	**чхаць**	['ʧhaʦʲ]
desmaio (m)	**непрытомнасць** (ж)	[neprɨ'tɔmnasʦʲ]
desmaiar (vi)	**страціць прытомнасць**	[straʦiʦ prɨ'tɔmnasʦʲ]
nódoa (f) negra	**сіняк** (м)	[si'nʲak]
galo (m)	**гуз** (м)	['ɦus]
magoar-se (vr)	**стукнуцца**	['stuknuʦa]
pisadura (f)	**выцятае месца** (н)	[vɨʦʲatae 'mesʦa]
aleijar-se (vr)	**выцяцца**	['vɨʦʲaʦa]
coxear (vi)	**кульгаць**	[kulʲ'ɦaʦʲ]
deslocação (f)	**звіх** (м)	['zʲvih]
deslocar (vt)	**звіхнуць**	[zʲvih'nuʦʲ]
fratura (f)	**пералом** (м)	[pera'lɔm]
fraturar (vt)	**атрымаць пералом**	[atrɨ'maʦʲ pera'lɔm]
corte (m)	**парэз** (м)	[pa'rɛs]
cortar-se (vr)	**парэзацца**	[pa'rɛzaʦa]

hemorragia (f)	**крывацёк** (м)	[kriva'tsʲok]
queimadura (f)	**апёк** (м)	[a'pʲok]
queimar-se (vr)	**апячыся**	[apʲa'tʃisʲa]
picar (vt)	**укалоць**	[uka'lɔtsʲ]
picar-se (vr)	**укалоцца**	[uka'lɔtsa]
lesionar (vt)	**пашкодзіць**	[paʃ'kɔdzitsʲ]
lesão (m)	**пашкоджанне** (н)	[paʃ'kɔdʒanne]
ferida (f), ferimento (m)	**рана** (ж)	['rana]
trauma (m)	**траўма** (ж)	['trawma]
delirar (vi)	**трызніць**	['trizʲnitsʲ]
gaguejar (vi)	**заікацца**	[zai'katsa]
insolação (f)	**сонечны ўдар** (м)	['sɔnetʃni u'dar]

65. Sintomas. Tratamentos. Parte 2

dor (f)	**боль** (м)	['bɔlʲ]
farpa (no dedo)	**стрэмка** (ж)	['strɛmka]
suor (m)	**пот** (м)	['pɔt]
suar (vi)	**пацець**	[pa'tsetsʲ]
vómito (m)	**ваніты** (мн)	[va'niti]
convulsões (f pl)	**сутаргі** (ж мн)	['sutarɦi]
grávida	**цяжарная**	[tsʲa'ʒarnaʲa]
nascer (vi)	**нарадзіцца**	[nara'dzitsa]
parto (m)	**роды** (мн)	['rɔdi]
dar à luz	**нараджаць**	[nara'dʒatsʲ]
aborto (m)	**аборт** (м)	[a'bɔrt]
respiração (f)	**дыханне** (н)	[di'hanne]
inspiração (f)	**удых** (м)	[u'dih]
expiração (f)	**выдых** (м)	['vidih]
expirar (vi)	**выдыхнуць**	['vidihnutsʲ]
inspirar (vi)	**зрабіць удых**	[zra'bitsʲ u'dih]
inválido (m)	**інвалід** (м)	[inva'lit]
aleijado (m)	**калека** (м, ж)	[ka'leka]
toxicodependente (m)	**наркаман** (м)	[narka'man]
surdo	**глухі**	[ɦlu'hi]
mudo	**нямы**	[nʲa'mi]
surdo-mudo	**глуханямы**	[ɦluhanʲa'mi]
louco (adj.)	**звар'яцелы**	[zvarʔʲa'tseli]
louco (m)	**вар'ят** (м)	[va'rʔʲat]
louca (f)	**вар'ятка** (ж)	[va'rʔʲatka]
ficar louco	**звар'яцець**	[zvarʔʲa'tsetsʲ]
gene (m)	**ген** (м)	['ɦen]
imunidade (f)	**імунітэт** (м)	[imuni'tɛt]
hereditário	**спадчынны**	['spatʃinni]
congénito	**прыроджаны**	[pri'rɔdʒani]

vírus (m)	**вірус** (м)	['virus]
micróbio (m)	**мікроб** (м)	[mik'rɔp]
bactéria (f)	**бактэрыя** (ж)	[bak'tɛrʲa]
infeção (f)	**інфекцыя** (ж)	[in'fektsʲa]

66. Sintomas. Tratamentos. Parte 3

hospital (m)	**бальніца** (ж)	[balʲ'nitsa]
paciente (m)	**пацыент** (м)	[patsɨ'ent]
diagnóstico (m)	**дыягназ** (м)	[dɨ'ʲaɦnas]
cura (f)	**лячэнне** (н)	[lʲa'ʧɛnne]
curar-se (vr)	**лячыцца**	[lʲa'ʧɨtsa]
tratar (vt)	**лячыць**	[lʲa'ʧɨtsʲ]
cuidar (pessoa)	**даглядаць**	[daɦlʲa'datsʲ]
cuidados (m pl)	**догляд** (м)	['dɔɦlʲat]
operação (f)	**аперацыя** (ж)	[ape'ratsʲa]
enfaixar (vt)	**перавязаць**	[peravʲa'zatsʲ]
enfaixamento (m)	**перавязванне** (н)	[pera'vʲazvanne]
vacinação (f)	**прышчэпка** (ж)	[prɨ'ʃɕɛpka]
vacinar (vt)	**рабіць прышчэпку**	[ra'bitsʲ prɨ'ʃɕɛpku]
injeção (f)	**укол** (м)	[u'kɔl]
dar uma injeção	**рабіць укол**	[ra'bitsʲ u'kɔl]
ataque (~ de asma, etc.)	**прыступ, прыпадак** (м)	[prɨstup], [prɨ'padak]
amputação (f)	**ампутацыя** (ж)	[ampu'tatsʲa]
amputar (vt)	**ампутаваць**	[amputa'vatsʲ]
coma (f)	**кома** (ж)	['kɔma]
estar em coma	**быць у коме**	[bɨtsʲ u 'kɔme]
reanimação (f)	**рэанімацыя** (ж)	[rɛani'matsʲa]
recuperar-se (vr)	**папраўляцца**	[papraw'lʲatsa]
estado (~ de saúde)	**стан** (м)	['stan]
consciência (f)	**прытомнасць** (ж)	[prɨ'tɔmnastsʲ]
memória (f)	**памяць** (ж)	['pamʲatsʲ]
tirar (vt)	**вырываць**	[vɨrɨ'vatsʲ]
chumbo (m), obturação (f)	**пломба** (ж)	['plɔmba]
chumbar, obturar (vt)	**пламбіраваць**	[plambira'vatsʲ]
hipnose (f)	**гіпноз** (м)	[ɦip'nɔs]
hipnotizar (vt)	**гіпнатызаваць**	[ɦipnatɨza'vatsʲ]

67. Medicina. Drogas. Acessórios

medicamento (m)	**лякарства** (н)	[lʲa'karstva]
remédio (m)	**сродак** (м)	['srɔdak]
receitar (vt)	**прапісаць**	[prapi'satsʲ]
receita (f)	**рэцэпт** (м)	[rɛ'tsɛpt]
comprimido (m)	**таблетка** (ж)	[tab'letka]

pomada (f)	**мазь** (ж)	['masʲ]
ampola (f)	**ампула** (ж)	['ampula]
preparado (m)	**мікстура** (ж)	[miks'tura]
xarope (m)	**сіроп** (м)	[si'rɔp]
cápsula (f)	**пілюля** (ж)	[pi'lʉlʲa]
remédio (m) em pó	**парашок** (м)	[para'ʃɔk]
ligadura (f)	**бінт** (м)	['bint]
algodão (m)	**вата** (ж)	['vata]
iodo (m)	**ёд** (м)	[ʲot]
penso (m) rápido	**лейкапластыр** (м)	[lejka'plastɨr]
conta-gotas (m)	**піпетка** (ж)	[pi'petka]
termómetro (m)	**градуснік** (м)	['ɦradusnik]
seringa (f)	**шпрыц** (м)	['ʃprɨʦ]
cadeira (f) de rodas	**каляска** (ж)	[ka'lʲaska]
muletas (f pl)	**мыліцы** (ж мн)	['mɨliʦɨ]
analgésico (m)	**абязбольвальнае** (н)	[abʲaz'bɔlʲvalʲnae]
laxante (m)	**слабіцельнае** (н)	[sla'biʦelʲnae]
álcool (m) etílico	**спірт** (м)	['spirt]
ervas (f pl) medicinais	**трава** (ж)	[tra'va]
de ervas (chá ~)	**травяны**	[travʲa'nɨ]

APARTAMENTO

68. Apartamento

apartamento (m)	**кватэра** (ж)	[kva'tɛra]
quarto (m)	**пакой** (м)	[pa'kɔj]
quarto (m) de dormir	**спальня** (ж)	['spalʲnʲa]
sala (f) de jantar	**сталоўка** (ж)	[sta'lɔwka]
sala (f) de estar	**гасцёўня** (ж)	[ɦas'ʦʲownʲa]
escritório (m)	**кабінет** (м)	[kabi'net]
antessala (f)	**вітальня** (ж)	[vi'talʲnʲa]
quarto (m) de banho	**ванны пакой** (м)	['vannɨ pa'kɔj]
toilette (lavabo)	**прыбіральня** (ж)	[prɨbi'ralʲnʲa]
teto (m)	**столь** (ж)	['stɔlʲ]
chão, soalho (m)	**падлога** (ж)	[pad'lɔɦa]
canto (m)	**кут** (м)	['kut]

69. Mobiliário. Interior

mobiliário (m)	**мэбля** (ж)	['mɛblʲa]
mesa (f)	**стол** (м)	['stɔl]
cadeira (f)	**крэсла** (н)	['krɛsla]
cama (f)	**ложак** (м)	['lɔʒak]
divã (m)	**канапа** (ж)	[ka'napa]
cadeirão (m)	**фатэль** (м)	[fa'tɛlʲ]
estante (f)	**шафа** (ж)	['ʃafa]
prateleira (f)	**паліца** (ж)	[pa'liʦa]
guarda-vestidos (m)	**шафа** (ж)	['ʃafa]
cabide (m) de parede	**вешалка** (ж)	['veʃalka]
cabide (m) de pé	**вешалка** (ж)	['veʃalka]
cómoda (f)	**камода** (ж)	[ka'mɔda]
mesinha (f) de centro	**часопісны столік** (м)	[ʧa'sɔpisnɨ 'stɔlik]
espelho (m)	**люстэрка** (н)	[lʉs'tɛrka]
tapete (m)	**дыван** (м)	[dɨ'van]
tapete (m) pequeno	**дыванок** (м)	[dɨva'nɔk]
lareira (f)	**камін** (м)	[ka'min]
vela (f)	**свечка** (ж)	['sveʧka]
castiçal (m)	**падсвечнік** (м)	[pat'sveʧnik]
cortinas (f pl)	**шторы** (мн)	['ʃtɔrɨ]
papel (m) de parede	**шпалеры** (ж мн)	[ʃpa'lerɨ]

estores (f pl)	**жалюзі** (мн)	[ʒalʉ'zi]
candeeiro (m) de mesa	**настольная лямпа** (ж)	[na'stɔlʲnaʲa 'lʲampa]
candeeiro (m) de parede	**свяцільня** (ж)	[svʲa'ʦilʲnʲa]
candeeiro (m) de pé	**таршэр** (м)	[tar'ʃɛr]
lustre (m)	**люстра** (ж)	['lʉstra]
pé (de mesa, etc.)	**ножка** (ж)	['nɔʃka]
braço (m)	**падлакотнік** (м)	[padla'kɔtnik]
costas (f pl)	**спінка** (ж)	['spinka]
gaveta (f)	**шуфляда** (ж)	[ʃuf'lʲada]

70. Quarto de dormir

roupa (f) de cama	**бялізна** (ж)	[bʲa'lizna]
almofada (f)	**падушка** (ж)	[pa'duʃka]
fronha (f)	**навалочка** (ж)	[nava'lɔʧka]
cobertor (m)	**коўдра** (ж)	['kɔwdra]
lençol (m)	**прасціна** (ж)	[prasʲʦi'na]
colcha (f)	**пакрывала** (н)	[pakrɨ'vala]

71. Cozinha

cozinha (f)	**кухня** (ж)	['kuhnʲa]
gás (m)	**газ** (м)	['ɦas]
fogão (m) a gás	**пліта** (ж) **газавая**	[pli'ta 'ɦazavaʲa]
fogão (m) elétrico	**пліта** (ж) **электрычная**	[pli'ta ɛlekt'rɨʧnaʲa]
forno (m)	**духоўка** (ж)	[du'hɔwka]
forno (m) de micro-ondas	**мікрахвалевая печ** (ж)	[mikra'hvalevaʲa 'peʧ]
frigorífico (m)	**халадзільнік** (м)	[hala'ʣilʲnik]
congelador (m)	**маразілка** (ж)	[mara'zilka]
máquina (f) de lavar louça	**пасудамыечная машына** (ж)	[pasuda'mɨeʧnaʲa ma'ʃɨna]
moedor (m) de carne	**мясарубка** (ж)	[mʲasa'rupka]
espremedor (m)	**сокавыціскалка** (ж)	[sɔkavɨʦi'skalka]
torradeira (f)	**тостэр** (м)	['tɔstɛr]
batedeira (f)	**міксер** (м)	['mikser]
máquina (f) de café	**кававарка** (ж)	[kava'varka]
cafeteira (f)	**кафейнік** (м)	[ka'fejnik]
moinho (m) de café	**кавамолка** (ж)	[kava'mɔlka]
chaleira (f)	**чайнік** (м)	['ʧajnik]
bule (m)	**імбрычак** (м)	[im'brɨʧak]
tampa (f)	**накрыўка** (ж)	['nakrɨwka]
coador (m) de chá	**сітца** (н)	['siʦa]
colher (f)	**лыжка** (ж)	['lɨʃka]
colher (f) de chá	**чайная лыжка** (ж)	['ʧajnaʲa 'lɨʃka]
colher (f) de sopa	**сталовая лыжка** (ж)	[sta'lɔvaʲa 'lɨʃka]
garfo (m)	**відэлец** (м)	[vi'dɛleʦ]

faca (f)	**нож** (м)	['nɔʃ]
louça (f)	**посуд** (м)	['pɔsut]
prato (m)	**талерка** (ж)	[ta'lerka]
pires (m)	**сподак** (м)	['spɔdak]
cálice (m)	**чарка** (ж)	['ʧarka]
copo (m)	**шклянка** (ж)	['ʃklʲanka]
chávena (f)	**кубак** (м)	['kubak]
açucareiro (m)	**цукарніца** (ж)	['ʦukarniʦa]
saleiro (m)	**салянка** (ж)	[sa'lʲanka]
pimenteiro (m)	**перачніца** (ж)	['peraʧniʦa]
manteigueira (f)	**масленіца** (ж)	['masleniʦa]
panela, caçarola (f)	**рондаль** (м)	['rɔndalʲ]
frigideira (f)	**патэльня** (ж)	[pa'tɛlʲnʲa]
concha (f)	**апалонік** (м)	[apa'lɔnik]
passador (m)	**друшляк** (м)	[druʃ'lʲak]
bandeja (f)	**паднос** (м)	[pad'nɔs]
garrafa (f)	**бутэлька** (ж)	[bu'tɛlʲka]
boião (m) de vidro	**слоік** (м)	['slɔik]
lata (f)	**бляшанка** (ж)	[blʲa'ʃanka]
abre-garrafas (m)	**адкрывалка** (ж)	[atkrɨ'valka]
abre-latas (m)	**адкрывалка** (ж)	[atkrɨ'valka]
saca-rolhas (m)	**штопар** (м)	['ʃtɔpar]
filtro (m)	**фільтр** (м)	['filʲtr]
filtrar (vt)	**фільтраваць**	[filʲtra'vaʦʲ]
lixo (m)	**смецце** (н)	['smeʦe]
balde (m) do lixo	**вядро** (н) **для смецця**	[vʲa'drɔ dlʲa 'smeʦʲa]

72. Casa de banho

quarto (m) de banho	**ванны пакой** (м)	['vannɨ pa'kɔj]
água (f)	**вада** (ж)	[va'da]
torneira (f)	**кран** (м)	['kran]
água (f) quente	**гарачая вада** (ж)	[ɦa'raʧaʲa va'da]
água (f) fria	**халодная вада** (ж)	[ha'lɔdnaʲa va'da]
pasta (f) de dentes	**зубная паста** (ж)	[zub'naʲa 'pasta]
escovar os dentes	**чысціць зубы**	[ʧɨsʲʦiʦʲ zu'bɨ]
escova (f) de dentes	**зубная шчотка** (ж)	[zub'naʲa 'ʃɕɔtka]
barbear-se (vr)	**галіцца**	[ɦa'liʦa]
espuma (f) de barbear	**пена** (ж) **для галення**	['pena dlʲa ɦa'lennʲa]
máquina (f) de barbear	**брытва** (ж)	['brɨtva]
lavar (vt)	**мыць**	['mɨʦʲ]
lavar-se (vr)	**мыцца**	['mɨʦa]
duche (m)	**душ** (м)	['duʃ]
tomar um duche	**прымаць душ**	[prɨ'maʦʲ 'duʃ]
banheira (f)	**ванна** (ж)	['vanna]

sanita (f)	**унітаз** (м)	[uni'tas]
lavatório (m)	**ракавіна** (ж)	['rakavina]
sabonete (m)	**мыла** (н)	['mɨla]
saboneteira (f)	**мыльніца** (ж)	['mɨlʲnitsa]
esponja (f)	**губка** (ж)	['ɦupka]
champô (m)	**шампунь** (м)	[ʃam'punʲ]
toalha (f)	**ручнік** (м)	[rutʃ'nik]
roupão (m) de banho	**халат** (м)	[ha'lat]
lavagem (f)	**мыццё** (н)	[mɨ'tsʲo]
máquina (f) de lavar	**пральная машына** (ж)	['pralʲnaʲa ma'ʃɨna]
lavar a roupa	**мыць бялізну**	['mɨtsʲ bʲa'liznu]
detergente (m)	**пральны парашок** (м)	['pralʲnɨ para'ʃɔk]

73. Eletrodomésticos

televisor (m)	**тэлевізар** (м)	[tɛle'vizar]
gravador (m)	**магнітафон** (м)	[maɦnita'fɔn]
videogravador (m)	**відэамагнітафон** (м)	['vidɛa maɦnita'fɔn]
rádio (m)	**прыёмнік** (м)	[prɨ'ʲomnik]
leitor (m)	**плэер** (м)	['plɛer]
projetor (m)	**відэапраектар** (м)	['vidɛa pra'ektar]
cinema (m) em casa	**хатні кінатэатр** (м)	['hatni kinatɛ'atr]
leitor (m) de DVD	**прайгравальнік** (м) **DVD**	[prajɦra'valʲniɦ dzivi'dzi]
amplificador (m)	**узмацняльнік** (м)	[uzmats'nʲalʲnik]
console (f) de jogos	**гульнявая прыстаўка** (ж)	[ɦulʲnʲa'vaʲa prɨ'stawka]
câmara (f) de vídeo	**відэакамера** (ж)	['vidɛa 'kamera]
máquina (f) fotográfica	**фотаапарат** (м)	[fɔtaapa'rat]
câmara (f) digital	**лічбавы фотаапарат** (м)	['lidʒbavɨ fɔtaapa'rat]
aspirador (m)	**пыласос** (м)	[pɨla'sɔs]
ferro (m) de engomar	**прас** (м)	['pras]
tábua (f) de engomar	**прасавальная дошка** (ж)	[prasa'valʲnaʲa 'dɔʃka]
telefone (m)	**тэлефон** (м)	[tɛle'fɔn]
telemóvel (m)	**мабільны тэлефон** (м)	[ma'bilʲnɨ tɛle'fɔn]
máquina (f) de escrever	**машынка** (ж)	[ma'ʃɨnka]
máquina (f) de costura	**машынка** (ж)	[ma'ʃɨnka]
microfone (m)	**мікрафон** (м)	[mikra'fɔn]
auscultadores (m pl)	**навушнікі** (м мн)	[na'vuʃniki]
controlo remoto (m)	**пульт** (м)	['pulʲt]
CD (m)	**кампакт-дыск** (м)	[kam'pakt 'dɨsk]
cassete (f)	**касета** (ж)	[ka'seta]
disco (m) de vinil	**пласцінка** (ж)	[plas'tsinka]

A TERRA. TEMPO

74. Espaço sideral

cosmos (m)	**космас** (м)	['kɔsmas]
cósmico	**касмічны**	[kas'mitʃnɨ]
espaço (m) cósmico	**касмічная прастора** (ж)	[kas'mitʃnaʲa pras'tɔra]
mundo (m)	**свет** (м)	['svet]
universo (m)	**сусвет** (м)	[sus'vet]
galáxia (f)	**галактыка** (ж)	[ɦa'laktɨka]
estrela (f)	**зорка** (ж)	['zɔrka]
constelação (f)	**сузор'е** (н)	[su'zɔrˀe]
planeta (m)	**планета** (ж)	[pla'neta]
satélite (m)	**спадарожнік** (м)	[spada'rɔʒnik]
meteorito (m)	**метэарыт** (м)	[metɛa'rɨt]
cometa (m)	**камета** (ж)	[ka'meta]
asteroide (m)	**астэроід** (м)	[astɛ'rɔit]
órbita (f)	**арбіта** (ж)	[ar'bita]
girar (vi)	**круціцца**	[kru'tsitsa]
atmosfera (f)	**атмасфера** (ж)	[atma'sfera]
Sol (m)	**Сонца** (н)	['sɔntsa]
Sistema (m) Solar	**Сонечная сістэма** (ж)	['sɔnetʃnaʲa sis'tɛma]
eclipse (m) solar	**сонечнае зацьменне** (н)	['sɔnetʃnae zatsʲ'menne]
Terra (f)	**Зямля** (ж)	[zʲam'lʲa]
Lua (f)	**Месяц** (м)	['mesʲats]
Marte (m)	**Марс** (м)	['mars]
Vénus (f)	**Венера** (ж)	[ve'nera]
Júpiter (m)	**Юпітэр** (м)	[ʉ'pitɛr]
Saturno (m)	**Сатурн** (м)	[sa'turn]
Mercúrio (m)	**Меркурый** (м)	[mer'kurɨj]
Urano (m)	**Уран** (м)	[u'ran]
Neptuno (m)	**Нептун** (м)	[nep'tun]
Plutão (m)	**Плутон** (м)	[plu'tɔn]
Via Láctea (f)	**Млечны Шлях** (м)	['mletʃnɨ ʃlʲah]
Ursa Maior (f)	**Вялікая Мядзведзіца** (ж)	[vʲa'likaʲa mʲadzj'vedzitsa]
Estrela Polar (f)	**Палярная зорка** (ж)	[pa'lʲarnaʲa 'zɔrka]
marciano (m)	**марсіянін** (м)	[marsiʲ'anin]
extraterrestre (m)	**іншапланецянін** (м)	[inʃaplane'tsʲanin]
alienígena (m)	**прышэлец** (м)	[prɨ'ʃɛlets]

disco (m) voador	**лятаючая талерка** (ж)	[lʲa'taʉʧaʲa ta'lerka]
nave (f) espacial	**касмічны карабель** (м)	[kas'miʧnɨ kara'belʲ]
estação (f) orbital	**арбітальная станцыя** (ж)	[arbi'talʲnaʲa 'stanʦɨʲa]
lançamento (m)	**старт** (м)	['start]
motor (m)	**рухавік** (м)	[ruha'vik]
bocal (m)	**сапло** (н)	[sap'lɔ]
combustível (m)	**паліва** (н)	['paliva]
cabine (f)	**кабіна** (ж)	[ka'bina]
antena (f)	**антэна** (ж)	[an'tɛna]
vigia (f)	**ілюмінатар** (м)	[ilʉmi'natar]
bateria (f) solar	**сонечная батарэя** (ж)	['sɔneʧnaʲa bata'rɛʲa]
traje (m) espacial	**скафандр** (м)	[ska'fandr]
imponderabilidade (f)	**бязважкасць** (ж)	[bʲaz'vaʃkasʦʲ]
oxigénio (m)	**кісларод** (м)	[kisla'rɔt]
acoplagem (f)	**стыкоўка** (ж)	[stɨ'kɔwka]
fazer uma acoplagem	**выконваць стыкоўку**	[vɨ'kɔnvaʦʲ stɨ'kɔwku]
observatório (m)	**абсерваторыя** (ж)	[apserva'tɔrɨʲa]
telescópio (m)	**тэлескоп** (м)	[tɛle'skɔp]
observar (vt)	**назіраць**	[nazi'raʦʲ]
explorar (vt)	**даследаваць**	[da'sledavaʦʲ]

75. A Terra

Terra (f)	**Зямля** (ж)	[zʲam'lʲa]
globo terrestre (Terra)	**зямны шар** (м)	[zʲam'nɨ 'ʃar]
planeta (m)	**планета** (ж)	[pla'neta]
atmosfera (f)	**атмасфера** (ж)	[atma'sfera]
geografia (f)	**геаграфія** (ж)	[ɦea'ɦrafiʲa]
natureza (f)	**прырода** (ж)	[prɨ'rɔda]
globo (mapa esférico)	**глобус** (м)	['ɦlɔbus]
mapa (m)	**карта** (ж)	['karta]
atlas (m)	**атлас** (м)	[at'las]
Europa (f)	**Еўропа**	[ew'rɔpa]
Ásia (f)	**Азія**	['aziʲa]
África (f)	**Афрыка**	['afrɨka]
Austrália (f)	**Аўстралія**	[aw'straliʲa]
América (f)	**Амерыка**	[a'merɨka]
América (f) do Norte	**Паўночная Амерыка**	[paw'nɔʧnaʲa a'merɨka]
América (f) do Sul	**Паўднёвая Амерыка**	[paw'dnʲovaʲa a'merɨka]
Antártida (f)	**Антарктыда**	[antark'tɨda]
Ártico (m)	**Арктыка**	['arktɨka]

76. Pontos cardeais

norte (m)	**поўнач** (ж)	['pɔwnatʃ]
para norte	**на поўнач**	[na 'pɔwnatʃ]
no norte	**на поўначы**	[na 'pɔwnatʃɨ]
do norte	**паўночны**	[paw'nɔtʃnɨ]
sul (m)	**поўдзень** (м)	['pɔwdzenʲ]
para sul	**на поўдзень**	[na 'pɔwdzenʲ]
no sul	**на поўдні**	[na 'pɔwdni]
do sul	**паўднёвы**	[paw'dnʲovɨ]
oeste, ocidente (m)	**захад** (м)	['zahat]
para oeste	**на захад**	[na 'zahat]
no oeste	**на захадзе**	[na 'zahadze]
ocidental	**заходні**	[za'hɔdni]
leste, oriente (m)	**усход** (м)	[w'shɔt]
para leste	**на ўсход**	[na w'shɔt]
no leste	**на ўсходзе**	[na w'shɔdze]
oriental	**усходні**	[us'hɔdni]

77. Mar. Oceano

mar (m)	**мора** (н)	['mɔra]
oceano (m)	**акіян** (м)	[aki'ʲan]
golfo (m)	**заліў** (м)	[za'liw]
estreito (m)	**праліў** (м)	[pra'liw]
terra (f) firme	**зямля, суша** (ж)	[zʲam'lʲa], ['suʃa]
continente (m)	**мацярык** (м)	[matsʲa'rɨk]
ilha (f)	**востраў** (м)	['vɔstraw]
península (f)	**паўвостраў** (м)	[paw'vɔstraw]
arquipélago (m)	**архіпелаг** (м)	[arhipe'laɦ]
baía (f)	**бухта** (ж)	['buhta]
porto (m)	**гавань** (ж)	['ɦavanʲ]
lagoa (f)	**лагуна** (ж)	[la'ɦuna]
cabo (m)	**мыс** (м)	['mɨs]
atol (m)	**атол** (м)	[a'tɔl]
recife (m)	**рыф** (м)	['rɨf]
coral (m)	**карал** (м)	[ka'ral]
recife (m) de coral	**каралавы рыф** (м)	[ka'ralavɨ 'rɨf]
profundo	**глыбокі**	[ɦlɨ'bɔki]
profundidade (f)	**глыбіня** (ж)	[ɦlɨbi'nʲa]
abismo (m)	**бездань** (ж)	['bezdanʲ]
fossa (f) oceânica	**упадзіна** (ж)	[u'padzina]
corrente (f)	**плынь** (ж)	['plɨnʲ]
banhar (vt)	**абмываць**	[abmɨ'vatsʲ]
litoral (m)	**бераг** (м)	['beraɦ]

costa (f)	**узбярэжжа** (н)	[uzbʲa'rɛʐa]
maré (f) alta	**прыліў** (м)	[prɨ'liw]
refluxo (m), maré (f) baixa	**адліў** (м)	[ad'liw]
restinga (f)	**водмель** (ж)	['vɔdmelʲ]
fundo (m)	**дно** (н)	['dnɔ]
onda (f)	**хваля** (ж)	['hvalʲa]
crista (f) da onda	**грэбень** (м) **хвалі**	[ɦrɛbenʲ 'hvali]
espuma (f)	**пена** (ж)	['pena]
tempestade (f)	**бура** (ж)	['bura]
furacão (m)	**ураган** (м)	[ura'ɦan]
tsunami (m)	**цунамі** (н)	[ʦu'nami]
calmaria (f)	**штыль** (м)	['ʃtɨlʲ]
calmo	**спакойны**	[spa'kɔjnɨ]
polo (m)	**полюс** (м)	['pɔlʉs]
polar	**палярны**	[pa'lʲarnɨ]
latitude (f)	**шырата** (ж)	[ʃɨra'ta]
longitude (f)	**даўгата** (ж)	[dawɦa'ta]
paralela (f)	**паралель** (ж)	[para'lelʲ]
equador (m)	**экватар** (м)	[ɛk'vatar]
céu (m)	**неба** (н)	['neba]
horizonte (m)	**гарызонт** (м)	[ɦarɨ'zɔnt]
ar (m)	**паветра** (н)	[pa'vetra]
farol (m)	**маяк** (м)	[ma'ʲak]
mergulhar (vi)	**ныраць**	[nɨ'raʦʲ]
afundar-se (vr)	**затануць**	[zata'nuʦʲ]
tesouros (m pl)	**скарбы** (м мн)	['skarbɨ]

78. Nomes de Mares e Oceanos

Oceano (m) Atlântico	**Атлантычны акіян** (м)	[atlan'tɨʧnɨ aki'ʲan]
Oceano (m) Índico	**Індыйскі акіян** (м)	[in'dɨjski aki'ʲan]
Oceano (m) Pacífico	**Ціхі акіян** (м)	['ʦihi aki'ʲan]
Oceano (m) Ártico	**Паўночны Ледавіты акіян** (м)	[paw'nɔʧnɨ leda'witɨ aki'ʲan]
Mar (m) Negro	**Чорнае мора** (н)	['ʧɔrnae 'mɔra]
Mar (m) Vermelho	**Чырвонае мора** (н)	[ʧɨr'vɔnae 'mɔra]
Mar (m) Amarelo	**Жоўтае мора** (н)	['ʒɔwtae 'mɔra]
Mar (m) Branco	**Белае мора** (н)	['belae 'mɔra]
Mar (m) Cáspio	**Каспійскае мора** (н)	[kas'pijskae 'mɔra]
Mar (m) Morto	**Мёртвае мора** (н)	['mʲortvae 'mɔra]
Mar (m) Mediterrâneo	**Міжземнае мора** (н)	[miʒ'zemnae 'mɔra]
Mar (m) Egeu	**Эгейскае мора** (н)	[ɛ'ɦejskae 'mɔra]
Mar (m) Adriático	**Адрыятычнае мора** (н)	[adrɨʲa'tɨʧnae 'mɔra]
Mar (m) Arábico	**Аравійскае мора** (н)	[ara'vijskae 'mɔra]
Mar (m) do Japão	**Японскае мора** (н)	[ʲa'pɔnskae 'mɔra]

Mar (m) de Bering	**Берынгава мора** (н)	['berɨnɦava 'mɔra]
Mar (m) da China Meridional	**Паўднёва-Кітайскае мора** (н)	[paw'dnʲova ki'tajskae 'mɔra]
Mar (m) de Coral	**Каралавае мора** (н)	[ka'ralavae 'mɔra]
Mar (m) de Tasman	**Тасманава мора** (н)	[tas'manava 'mɔra]
Mar (m) do Caribe	**Карыбскае мора** (н)	[ka'rɨpskae 'mɔra]
Mar (m) de Barents	**Баранцава мора** (н)	['barantsava 'mɔra]
Mar (m) de Kara	**Карскае мора** (н)	['karskae 'mɔra]
Mar (m) do Norte	**Паўночнае мора** (н)	[paw'nɔtʃnae 'mɔra]
Mar (m) Báltico	**Балтыйскае мора** (н)	[bal'tɨjskae 'mɔra]
Mar (m) da Noruega	**Нарвежскае мора** (н)	[nar'veʃskae 'mɔra]

79. Montanhas

montanha (f)	**гара** (ж)	[ɦa'ra]
cordilheira (f)	**горны ланцуг** (м)	['ɦɔrnɨ lan'tsuɦ]
serra (f)	**горны хрыбет** (м)	['ɦɔrnɨ hrɨ'bet]
cume (m)	**вяршыня** (ж)	[vʲar'ʃɨnʲa]
pico (m)	**пік** (м)	['pik]
sopé (m)	**падножжа** (н)	[pad'nɔʐa]
declive (m)	**схіл** (м)	['shil]
vulcão (m)	**вулкан** (м)	[vul'kan]
vulcão (m) ativo	**дзеючы вулкан** (м)	['dzeutʃɨ vul'kan]
vulcão (m) extinto	**патухлы вулкан** (м)	[pa'tuhlɨ vul'kan]
erupção (f)	**вывяржэнне** (н)	[vɨvʲar'ʒɛnne]
cratera (f)	**кратэр** (м)	['kratɛr]
magma (m)	**магма** (ж)	['maɦma]
lava (f)	**лава** (ж)	['lava]
fundido (lava ~a)	**распалены**	[ras'palenɨ]
desfiladeiro (m)	**каньён** (м)	[ka'njɔn]
garganta (f)	**цясніна** (ж)	[tsʲas'nina]
fenda (f)	**цясніна** (ж)	[tsʲas'nina]
precipício (m)	**прорва** (ж), **абрыў** (м)	['prorva], [ab'rɨw]
passo, colo (m)	**перавал** (м)	[pera'val]
planalto (m)	**плато** (н)	[pla'tɔ]
falésia (f)	**скала** (ж)	[ska'la]
colina (f)	**узгорак** (м)	[uz'ɦɔrak]
glaciar (m)	**ледавік** (м)	[leda'vik]
queda (f) d'água	**вадаспад** (м)	[vada'spat]
géiser (m)	**гейзер** (м)	['ɦejzer]
lago (m)	**возера** (н)	['vɔzera]
planície (f)	**раўніна** (ж)	[raw'nina]
paisagem (f)	**краявід** (м)	[kraʲa'vit]
eco (m)	**рэха** (н)	['rɛha]

alpinista (m)	**альпініст** (м)	[alʲpi'nist]
escalador (m)	**скалалаз** (м)	[skala'las]
conquistar (vt)	**авалодваць** (м)	[ava'lɔdvaʦʲ]
subida, escalada (f)	**узыходжанне** (н)	[uzɨ'hɔʤanne]

80. Nomes de montanhas

Alpes (m pl)	**Альпы** (мн)	['alʲpɨ]
monte Branco (m)	**Манблан** (м)	[man'blan]
Pirineus (m pl)	**Пірэнеі** (мн)	[pirɛ'nei]
Cárpatos (m pl)	**Карпаты** (мн)	[kar'patɨ]
montes (m pl) Urais	**Уральскія горы** (мн)	[u'ralʲskiʲa 'ɦɔrɨ]
Cáucaso (m)	**Каўказ** (м)	[kaw'kas]
Elbrus (m)	**Эльбрус** (м)	[ɛlʲ'brus]
Altai (m)	**Алтай** (м)	[al'taj]
Tian Shan (m)	**Цянь-Шань** (м)	[ʦʲanj'ʃanʲ]
Pamir (m)	**Памір** (м)	[pa'mir]
Himalaias (m pl)	**Гімалаі** (мн)	[ɦima'lai]
monte (m) Everest	**Эверэст** (м)	[ɛve'rɛst]
Cordilheira (f) dos Andes	**Анды** (мн)	['andɨ]
Kilimanjaro (m)	**Кіліманджара** (н)	[kiliman'ʤara]

81. Rios

rio (m)	**рака** (ж)	[ra'ka]
fonte, nascente (f)	**крыніца** (ж)	[krɨ'niʦa]
leito (m) do rio	**рэчышча** (н)	['rɛʧɨʃɕa]
bacia (f)	**басейн** (м)	[ba'sejn]
desaguar no ...	**упадаць у ...**	[upa'daʦʲ u ...]
afluente (m)	**прыток** (м)	[prɨ'tɔk]
margem (do rio)	**бераг** (м)	['beraɦ]
corrente (f)	**плынь** (ж)	['plɨnʲ]
rio abaixo	**уніз па цячэнню**	[u'nis pa ʦʲa'ʧɛnnʉ]
rio acima	**уверх па цячэнню**	[u'vɛrh pa ʦʲa'ʧɛnnʉ]
inundação (f)	**паводка** (ж)	[pa'vɔtka]
cheia (f)	**разводдзе** (н)	[raz'vɔʣe]
transbordar (vi)	**разлівацца**	[razʲli'vaʦa]
inundar (vt)	**затапляць**	[zata'plʲaʦʲ]
banco (m) de areia	**мель** (ж)	['melʲ]
rápidos (m pl)	**парог** (м)	[pa'rɔɦ]
barragem (f)	**плаціна** (ж)	[pla'ʦina]
canal (m)	**канал** (м)	[ka'nal]
reservatório (m) de água	**вадасховішча** (н)	[vadas'hɔviʃɕa]
eclusa (f)	**шлюз** (м)	['ʃlʉs]

corpo (m) de água	**вадаём** (м)	[vada'ʲom]
pântano (m)	**балота** (н)	[ba'lɔta]
tremedal (m)	**багна** (ж)	['baɦna]
remoinho (m)	**вір** (м)	['vir]
arroio, regato (m)	**ручай** (м)	[ru'ʧaj]
potável	**пітны**	[pit'nɨ]
doce (água)	**прэсны**	['prɛsnɨ]
gelo (m)	**лёд** (м)	['lʲot]
congelar-se (vr)	**замерзнуць**	[za'merznuʦʲ]

82. Nomes de rios

rio Sena (m)	**Сена** (ж)	['sena]
rio Loire (m)	**Луара** (ж)	[lu'ara]
rio Tamisa (m)	**Тэмза** (ж)	['tɛmza]
rio Reno (m)	**Рэйн** (м)	['rɛjn]
rio Danúbio (m)	**Дунай** (м)	[du'naj]
rio Volga (m)	**Волга** (ж)	['vɔlɦa]
rio Don (m)	**Дон** (м)	['dɔn]
rio Lena (m)	**Лена** (ж)	['lena]
rio Amarelo (m)	**Хуанхэ** (н)	[huan'hɛ]
rio Yangtzé (m)	**Янцзы** (н)	[ʲan'ʣɨ]
rio Mekong (m)	**Меконг** (м)	[me'kɔnɦ]
rio Ganges (m)	**Ганг** (м)	['ɦanɦ]
rio Nilo (m)	**Ніл** (м)	['nil]
rio Congo (m)	**Конга** (н)	['kɔnɦa]
rio Cubango (m)	**Акаванга** (ж)	[aka'vanɦa]
rio Zambeze (m)	**Замбезі** (ж)	[zam'bezi]
rio Limpopo (m)	**Лімпапо** (ж)	[limpa'pɔ]
rio Mississípi (m)	**Місісіпі** (ж)	[misi'sipi]

83. Floresta

floresta (f), bosque (m)	**лес** (м)	['les]
florestal	**лясны**	[lʲas'nɨ]
mata (f) cerrada	**гушчар** (м)	[ɦu'ʃɕar]
arvoredo (m)	**гай** (м)	['ɦaj]
clareira (f)	**паляна** (ж)	[pa'lʲana]
matagal (m)	**зараснікі** (м мн)	['zarasniki]
mato (m)	**хмызняк** (м)	[hmɨz'nʲak]
vereda (f)	**сцяжынка** (ж)	[sʦʲa'ʒɨnka]
ravina (f)	**яр** (м)	[ʲar]
árvore (f)	**дрэва** (н)	['drɛva]

folha (f)	**ліст** (м)	['list]
folhagem (f)	**лістота** (ж)	[lis'tɔta]
queda (f) das folhas	**лістапад** (м)	[lista'pat]
cair (vi)	**ападаць**	[apa'datsʲ]
topo (m)	**верхавіна** (ж)	[verha'vina]
ramo (m)	**галіна** (ж)	[ɦali'na]
galho (m)	**сук** (м)	['suk]
botão, rebento (m)	**пупышка** (ж)	[pu'piʃka]
agulha (f)	**шыпулька** (ж)	[ʃi'pulʲka]
pinha (f)	**шышка** (ж)	['ʃiʃka]
buraco (m) de árvore	**дупло** (н)	[dup'lɔ]
ninho (m)	**гняздо** (н)	[ɦnʲaz'dɔ]
toca (f)	**нара** (ж)	[na'ra]
tronco (m)	**ствол** (м)	['stvɔl]
raiz (f)	**корань** (м)	['kɔranʲ]
casca (f) de árvore	**кара** (ж)	[ka'ra]
musgo (m)	**мох** (м)	['mɔh]
arrancar pela raiz	**карчаваць**	[kartʃa'vatsʲ]
cortar (vt)	**сячы**	[sʲa'tʃi]
desflorestar (vt)	**высякаць**	[visʲa'katsʲ]
toco, cepo (m)	**пень** (м)	['penʲ]
fogueira (f)	**вогнішча** (н)	['vɔɦniʃtʃa]
incêndio (m) florestal	**пажар** (м)	[pa'ʒar]
apagar (vt)	**тушыць**	[tu'ʃitsʲ]
guarda-florestal (m)	**ляснік** (м)	[lʲas'nik]
proteção (f)	**ахова** (ж)	[a'hɔva]
proteger (a natureza)	**ахоўваць**	[a'hɔwvatsʲ]
caçador (m) furtivo	**браканьер** (м)	[braka'njer]
armadilha (f)	**пастка** (ж)	['pastka]
colher (cogumelos, bagas)	**збіраць**	[zʲbi'ratsʲ]
perder-se (vr)	**заблудзіць**	[zablu'dzitsʲ]

84. Recursos naturais

recursos (m pl) naturais	**прыродныя рэсурсы** (м мн)	[pri'rɔdnʲa rɛ'sursi]
minerais (m pl)	**карысныя выкапні** (м мн)	[ka'risnʲa 'vikapni]
depósitos (m pl)	**паклады** (м мн)	[pa'kladi]
jazida (f)	**радовішча** (н)	[ra'dɔviʃtʃa]
extrair (vt)	**здабываць**	[zdabi'vatsʲ]
extração (f)	**здабыча** (ж)	[zda'bitʃa]
minério (m)	**руда** (ж)	[ru'da]
mina (f)	**руднік** (м)	[rud'nik]
poço (m) de mina	**шахта** (ж)	['ʃahta]
mineiro (m)	**шахцёр** (м)	[ʃah'tsʲor]
gás (m)	**газ** (м)	['ɦas]

gasoduto (m)	**газаправод** (м)	[ɦazapra'vɔt]
petróleo (m)	**нафта** (ж)	['nafta]
oleoduto (m)	**нафтаправод** (м)	[naftapra'vɔt]
poço (m) de petróleo	**нафтавая вышка** (ж)	['naftavaʲa 'viʃka]
torre (f) petrolífera	**буравая вышка** (ж)	[bura'vaʲa 'viʃka]
petroleiro (m)	**танкер** (м)	['tanker]
areia (f)	**пясок** (м)	[pʲa'sɔk]
calcário (m)	**вапняк** (м)	[vap'nʲak]
cascalho (m)	**жвір** (м)	['ʒvir]
turfa (f)	**торф** (м)	['tɔrf]
argila (f)	**гліна** (ж)	['ɦlina]
carvão (m)	**вугаль** (м)	['vuɦalʲ]
ferro (m)	**жалеза** (н)	[ʒa'leza]
ouro (m)	**золата** (н)	['zɔlata]
prata (f)	**срэбра** (н)	['srɛbra]
níquel (m)	**нікель** (м)	['nikelʲ]
cobre (m)	**медзь** (ж)	['metsʲ]
zinco (m)	**цынк** (м)	['tsɨnk]
manganês (m)	**марганец** (м)	['marɦanets]
mercúrio (m)	**ртуць** (ж)	['rtutsʲ]
chumbo (m)	**свінец** (м)	[svi'nets]
mineral (m)	**мінерал** (м)	[mine'ral]
cristal (m)	**крышталь** (м)	[krɨʃ'talʲ]
mármore (m)	**мармур** (м)	['marmur]
urânio (m)	**уран** (м)	[u'ran]

85. Tempo

tempo (m)	**надвор'е** (н)	[na'dvɔrʔe]
previsão (f) do tempo	**прагноз** (м) **надвор'я**	[praɦ'nɔs nad'vɔrʔʲa]
temperatura (f)	**тэмпература** (ж)	[tɛmpera'tura]
termómetro (m)	**тэрмометр** (м)	[tɛr'mɔmetr]
barómetro (m)	**барометр** (м)	[ba'rɔmetr]
húmido	**вільготны**	[vilʲ'ɦɔtnɨ]
humidade (f)	**вільготнасць** (ж)	[vilʲ'ɦɔtnastsʲ]
calor (m)	**гарачыня** (ж)	[ɦaratʃɨ'nʲa]
cálido	**гарачы**	[ɦa'ratʃɨ]
está muito calor	**горача**	['ɦɔratʃa]
está calor	**цёпла**	['tsʲopla]
quente	**цёплы**	['tsʲoplɨ]
está frio	**холадна**	['hɔladna]
frio	**халодны**	[ha'lɔdnɨ]
sol (m)	**сонца** (н)	['sɔntsa]
brilhar (vi)	**свяціць**	[svʲa'tsitsʲ]
de sol, ensolarado	**сонечны**	['sɔnetʃnɨ]
nascer (vi)	**узысці**	[uzɨs'tsi]

pôr-se (vr)	**сесці**	['ses'tsi]
nuvem (f)	**воблака** (н)	['vɔblaka]
nublado	**воблачны**	['vɔblatʃnɨ]
nuvem (f) preta	**хмара** (ж)	['ɦmara]
escuro, cinzento	**пахмурны**	[pah'murnɨ]
chuva (f)	**дождж** (м)	['dɔʃɕ]
está a chover	**ідзе дождж**	[i'dze 'dɔʃɕ]
chuvoso	**дажджлівы**	[daʒdʒ'livɨ]
chuviscar (vi)	**імжыць**	[im'ʒɨts']
chuva (f) torrencial	**праліўны дождж** (м)	[praliw'nɨ 'dɔʃɕ]
chuvada (f)	**лівень** (м)	['liven']
forte (chuva)	**моцны**	['mɔtsnɨ]
poça (f)	**лужына** (ж)	['luʒɨna]
molhar-se (vr)	**мокнуць**	['mɔknuts']
nevoeiro (m)	**туман** (м)	[tu'man]
de nevoeiro	**туманны**	[tu'mannɨ]
neve (f)	**снег** (м)	['sneɦ]
está a nevar	**ідзе снег**	[i'dze 'sneɦ]

86. Tempo extremo. Catástrofes naturais

trovoada (f)	**навальніца** (ж)	[naval''nitsa]
relâmpago (m)	**маланка** (ж)	[ma'lanka]
relampejar (vi)	**бліскаць**	['bliskats']
trovão (m)	**гром** (м)	['ɦrɔm]
trovejar (vi)	**грымець**	[ɦrɨ'mets']
está a trovejar	**грыміць гром**	[ɦrɨ'mits' 'ɦrɔm]
granizo (m)	**град** (м)	['ɦrat]
está a cair granizo	**ідзе град**	[i'dze 'ɦrat]
inundar (vt)	**затапіць**	[zata'pits']
inundação (f)	**паводка** (ж)	[pa'vɔtka]
terremoto (m)	**землятрус** (м)	[zeml'a'trus]
abalo, tremor (m)	**штуршок** (м)	[ʃtur'ʃɔk]
epicentro (m)	**эпіцэнтр** (м)	[ɛpi'tsɛntr]
erupção (f)	**вывяржэнне** (н)	[vɨv'ar'ʒɛnne]
lava (f)	**лава** (ж)	['lava]
turbilhão (m)	**смерч** (м)	['smertʃ]
tornado (m)	**тарнада** (м)	[tar'nada]
tufão (m)	**тайфун** (м)	[taj'fun]
furacão (m)	**ураган** (м)	[ura'ɦan]
tempestade (f)	**бура** (ж)	['bura]
tsunami (m)	**цунамі** (н)	[tsu'nami]
ciclone (m)	**цыклон** (м)	[tsɨk'lɔn]
mau tempo (m)	**непагадзь** (ж)	['nepaɦats']

incêndio (m)	**пажар** (м)	[pa'ʒar]
catástrofe (f)	**катастрофа** (ж)	[kata'strɔfa]
meteorito (m)	**метэарыт** (м)	[metɛa'rɨt]
avalanche (f)	**лавіна** (ж)	[la'vina]
deslizamento (m) de neve	**абвал** (м)	[ab'val]
nevasca (f)	**мяцеліца** (ж)	[mʲa'ʦelitsa]
tempestade (f) de neve	**завіруха** (ж)	[zavi'ruha]

FAUNA

87. Mamíferos. Predadores

predador (m)	**драпежнік** (м)	[dra'peʒnik]
tigre (m)	**тыгр** (м)	['tɨɦr]
leão (m)	**леў** (м)	['lew]
lobo (m)	**воўк** (м)	['vɔwk]
raposa (f)	**ліса** (ж)	['lisa]
jaguar (m)	**ягуар** (м)	[ʲaɦu'ar]
leopardo (m)	**леапард** (м)	[lea'part]
chita (f)	**гепард** (м)	[ɦe'part]
pantera (f)	**пантэра** (ж)	[pan'tɛra]
puma (m)	**пума** (ж)	['puma]
leopardo-das-neves (m)	**снежны барс** (м)	['sneʒnɨ 'bars]
lince (m)	**рысь** (ж)	['rɨsʲ]
coiote (m)	**каёт** (м)	[ka'ʲot]
chacal (m)	**шакал** (м)	[ʃa'kal]
hiena (f)	**гіена** (ж)	[ɦi'ena]

88. Animais selvagens

animal (m)	**жывёліна** (ж)	[ʒɨ'vʲolina]
besta (f)	**звер** (м)	['zʲver]
esquilo (m)	**вавёрка** (ж)	[va'vʲorka]
ouriço (m)	**вожык** (м)	['vɔʒɨk]
lebre (f)	**заяц** (м)	['zaʲats]
coelho (m)	**трус** (м)	['trus]
texugo (m)	**барсук** (м)	[bar'suk]
guaxinim (m)	**янот** (м)	[ʲa'nɔt]
hamster (m)	**хамяк** (м)	[ha'mʲak]
marmota (f)	**сурок** (м)	[su'rɔk]
toupeira (f)	**крот** (м)	['krɔt]
rato (m)	**мыш** (ж)	['mɨʃ]
ratazana (f)	**пацук** (м)	[pa'tsuk]
morcego (m)	**кажан** (м)	[ka'ʒan]
arminho (m)	**гарнастай** (м)	[ɦarna'staj]
zibelina (f)	**собаль** (м)	['sɔbalʲ]
marta (f)	**куніца** (ж)	[ku'nitsa]
doninha (f)	**ласка** (ж)	['laska]
vison (m)	**норка** (ж)	['nɔrka]

castor (m)	**бабёр** (м)	[ba'bʲor]
lontra (f)	**выдра** (ж)	['vɨdra]
cavalo (m)	**конь** (м)	['kɔnʲ]
alce (m)	**лось** (м)	['lɔsʲ]
veado (m)	**алень** (м)	[a'lenʲ]
camelo (m)	**вярблюд** (м)	[vʲar'blʉt]
bisão (m)	**бізон** (м)	[bi'zɔn]
auroque (m)	**зубр** (м)	['zubr]
búfalo (m)	**буйвал** (м)	['bujval]
zebra (f)	**зебра** (ж)	['zebra]
antílope (m)	**антылопа** (ж)	[antɨ'lɔpa]
corça (f)	**казуля** (ж)	[ka'zulʲa]
gamo (m)	**лань** (ж)	['lanʲ]
camurça (f)	**сарна** (ж)	['sarna]
javali (m)	**дзік** (м)	['ʤik]
baleia (f)	**кіт** (м)	['kit]
foca (f)	**цюлень** (м)	[ʦʉ'lenʲ]
morsa (f)	**морж** (м)	['mɔrʃ]
urso-marinho (m)	**коцік** (м)	['kɔʦik]
golfinho (m)	**дэльфін** (м)	[dɛlʲ'fin]
urso (m)	**мядзведзь** (м)	[mʲaʣ'veʣʲ]
urso (m) branco	**белы мядзведзь** (м)	['belɨ mʲaʣ'veʣʲ]
panda (m)	**панда** (ж)	['panda]
macaco (em geral)	**малпа** (ж)	['malpa]
chimpanzé (m)	**шымпанзэ** (м)	[ʃɨmpan'zɛ]
orangotango (m)	**арангутанг** (м)	[aranɦu'tanɦ]
gorila (m)	**гарыла** (ж)	[ɦa'rɨla]
macaco (m)	**макака** (ж)	[ma'kaka]
gibão (m)	**гібон** (м)	[ɦi'bɔn]
elefante (m)	**слон** (м)	['slɔn]
rinoceronte (m)	**насарог** (м)	[nasa'rɔɦ]
girafa (f)	**жырафа** (ж)	[ʒɨ'rafa]
hipopótamo (m)	**бегемот** (м)	[beɦe'mɔt]
canguru (m)	**кенгуру** (м)	[kenɦu'ru]
coala (m)	**каала** (ж)	[ka'ala]
mangusto (m)	**мангуст** (м)	[man'ɦust]
chinchila (m)	**шыншыла** (ж)	[ʃɨn'ʃɨla]
doninha-fedorenta (f)	**скунс** (м)	['skuns]
porco-espinho (m)	**дзікабраз** (м)	[ʤikab'ras]

89. Animais domésticos

gata (f)	**кошка** (ж)	['kɔʃka]
gato (m) macho	**кот** (м)	['kɔt]
cão (m)	**сабака** (м)	[sa'baka]

cavalo (m)	**конь** (м)	['kɔnʲ]
garanhão (m)	**жарабец** (м)	[ʒara'beʦ]
égua (f)	**кабыла** (ж)	[ka'bɨla]
vaca (f)	**карова** (ж)	[ka'rɔva]
touro (m)	**бык** (м)	['bɨk]
boi (m)	**вол** (м)	['vɔl]
ovelha (f)	**авечка** (ж)	[a'veʧka]
carneiro (m)	**баран** (м)	[ba'ran]
cabra (f)	**каза** (ж)	[ka'za]
bode (m)	**казёл** (м)	[ka'zʲol]
burro (m)	**асёл** (м)	[a'sʲol]
mula (f)	**мул** (м)	['mul]
porco (m)	**свіння** (ж)	[svi'nnʲa]
leitão (m)	**парася** (н)	[para'sʲa]
coelho (m)	**трус** (м)	['trus]
galinha (f)	**курыца** (ж)	['kurɨʦa]
galo (m)	**певень** (м)	['pevenʲ]
pata (f)	**качка** (ж)	['kaʧka]
pato (macho)	**качар** (м)	['kaʧar]
ganso (m)	**гусь** (ж)	['ɦusʲ]
peru (m)	**індык** (м)	[in'dɨk]
perua (f)	**індычка** (ж)	[in'dɨʧka]
animais (m pl) domésticos	**свойская жывёла** (ж)	[svɔjskaʲa ʒɨ'vʲola]
domesticado	**ручны**	[ruʧ'nɨ]
domesticar (vt)	**прыручаць**	[prɨru'ʧaʦʲ]
criar (vt)	**выгадоўваць**	[vɨɦa'dɔwvaʦʲ]
quinta (f)	**ферма** (ж)	['ferma]
aves (f pl) domésticas	**свойская птушка** (ж)	['svɔjskaʲa 'ptuʃka]
gado (m)	**жывёла** (ж)	[ʒɨ'vʲola]
rebanho (m), manada (f)	**статак** (м)	['statak]
estábulo (m)	**стайня** (ж)	['stajnʲa]
pocilga (f)	**свінарнік** (м)	[svi'narnik]
estábulo (m)	**кароўнік** (м)	[ka'rɔwnik]
coelheira (f)	**трусятнік** (м)	[tru'sʲatnik]
galinheiro (m)	**куратнік** (м)	[ku'ratnik]

90. Pássaros

pássaro (m), ave (f)	**птушка** (ж)	['ptuʃka]
pombo (m)	**голуб** (м)	['ɦɔlup]
pardal (m)	**верабей** (м)	[vera'bej]
chapim-real (m)	**сініца** (ж)	[si'niʦa]
pega-rabuda (f)	**сарока** (ж)	[sa'rɔka]
corvo (m)	**крумкач** (м)	[krum'kaʧ]

gralha (f) cinzenta	**варона** (ж)	[va'rɔna]
gralha-de-nuca-cinzenta (f)	**галка** (ж)	['ɦalka]
gralha-calva (f)	**грак** (м)	['ɦrak]
pato (m)	**качка** (ж)	['katʃka]
ganso (m)	**гусь** (ж)	['ɦusʲ]
faisão (m)	**фазан** (м)	[fa'zan]
águia (f)	**арол** (м)	[a'rɔl]
açor (m)	**ястраб** (м)	['ʲastrap]
falcão (m)	**сокал** (м)	['sɔkal]
abutre (m)	**грыф** (м)	['ɦrɨf]
condor (m)	**кондар** (м)	['kɔndar]
cisne (m)	**лебедзь** (м)	['lebetsʲ]
grou (m)	**журавель** (м)	[ʒura'velʲ]
cegonha (f)	**бусел** (м)	['busel]
papagaio (m)	**папугай** (м)	[papu'ɦaj]
beija-flor (m)	**калібры** (м)	[ka'librɨ]
pavão (m)	**паўлін** (м)	[paw'lin]
avestruz (m)	**страус** (м)	['straus]
garça (f)	**чапля** (ж)	['tʃaplʲa]
flamingo (m)	**фламінга** (м)	[fla'minɦa]
pelicano (m)	**пелікан** (м)	[peli'kan]
rouxinol (m)	**салавей** (м)	[sala'vej]
andorinha (f)	**ластаўка** (ж)	['lastawka]
tordo-zornal (m)	**дрозд** (м)	['drɔst]
tordo-músico (m)	**пеўчы дрозд** (м)	['pewtʃɨ 'drɔst]
melro-preto (m)	**чорны дрозд** (м)	['tʃɔrnɨ 'drɔst]
andorinhão (m)	**стрыж** (м)	['strɨʃ]
cotovia (f)	**жаваранак** (м)	['ʒavaranak]
codorna (f)	**перапёлка** (ж)	[pera'pʲolka]
pica-pau (m)	**дзяцел** (м)	['dzʲatsel]
cuco (m)	**зязюля** (ж)	[zʲa'zʉlʲa]
coruja (f)	**сава** (ж)	[sa'va]
corujão, bufo (m)	**пугач** (м)	[pu'ɦatʃ]
tetraz-grande (m)	**глушэц** (м)	[ɦlu'ʃɛts]
tetraz-lira (m)	**цецярук** (м)	[tsetsʲa'ruk]
perdiz-cinzenta (f)	**курапатка** (ж)	[kura'patka]
estorninho (m)	**шпак** (м)	['ʃpak]
canário (m)	**канарэйка** (ж)	[kana'rɛjka]
galinha-do-mato (f)	**рабчык** (м)	['raptʃɨk]
tentilhão (m)	**зяблік** (м)	['zʲablik]
dom-fafe (m)	**гіль** (м)	['ɦilʲ]
gaivota (f)	**чайка** (ж)	['tʃajka]
albatroz (m)	**альбатрос** (м)	[alʲbat'rɔs]
pinguim (m)	**пінгвін** (м)	[pinɦ'vin]

91. Peixes. Animais marinhos

brema (f)	**лешч** (м)	['leʃɕ]
carpa (f)	**карп** (м)	['karp]
perca (f)	**акунь** (м)	[a'kunʲ]
siluro (m)	**сом** (м)	['sɔm]
lúcio (m)	**шчупак** (м)	[ʃɕu'pak]
salmão (m)	**ласось** (м)	[la'sɔsʲ]
esturjão (m)	**асетр** (м)	[a'setr]
arenque (m)	**селядзец** (м)	[selʲa'ʣets]
salmão (m)	**сёмга** (ж)	['sʲomɦa]
cavala, sarda (f)	**скумбрыя** (ж)	['skumbrɨʲa]
solha (f)	**камбала** (ж)	['kambala]
lúcio perca (m)	**судак** (м)	[su'dak]
bacalhau (m)	**траска** (ж)	[tras'ka]
atum (m)	**тунец** (м)	[tu'nets]
truta (f)	**стронга** (ж)	['strɔnɦa]
enguia (f)	**вугор** (м)	[vu'ɦɔr]
raia elétrica (f)	**электрычны скат** (м)	[ɛlekt'rɨʧnɨ 'skat]
moreia (f)	**мурэна** (ж)	[mu'rɛna]
piranha (f)	**піранняя** (ж)	[pi'rannʲa]
tubarão (m)	**акула** (ж)	[a'kula]
golfinho (m)	**дэльфін** (м)	[dɛlʲ'fin]
baleia (f)	**кіт** (м)	['kit]
caranguejo (m)	**краб** (м)	['krap]
medusa, alforreca (f)	**медуза** (ж)	[me'duza]
polvo (m)	**васьміног** (м)	[vasʲmi'nɔɦ]
estrela-do-mar (f)	**марская зорка** (ж)	[mar'skaʲa 'zɔrka]
ouriço-do-mar (m)	**марскі вожык** (м)	[mar'ski 'vɔʒɨk]
cavalo-marinho (m)	**марскі конік** (м)	[mar'ski 'kɔnik]
ostra (f)	**вустрыца** (ж)	['vustrɨtsa]
camarão (m)	**крэветка** (ж)	[krɛ'vetka]
lavagante (m)	**амар** (м)	[a'mar]
lagosta (f)	**лангуст** (м)	[lan'ɦust]

92. Amfíbios. Répteis

serpente, cobra (f)	**змяя** (ж)	[zmæ'ʲa]
venenoso	**ядавіты**	[ʲada'vitɨ]
víbora (f)	**гадзюка** (ж)	[ɦa'ʣʉka]
cobra-capelo, naja (f)	**кобра** (ж)	['kɔbra]
pitão (m)	**пітон** (м)	[pi'tɔn]
jiboia (f)	**удаў** (м)	[u'daw]
cobra-de-água (f)	**вуж** (м)	['vuʃ]

cascavel (f)	**грымучая змяя** (ж)	[ɦrɨ'mutʃaʲa zmæ'ʲa]
anaconda (f)	**анаконда** (ж)	[ana'kɔnda]
lagarto (m)	**яшчарка** (ж)	['ʲaʃɕarka]
iguana (f)	**ігуана** (ж)	[iɦu'ana]
varano (m)	**варан** (м)	[va'ran]
salamandra (f)	**саламандра** (ж)	[sala'mandra]
camaleão (m)	**хамелеон** (м)	[hamele'ɔn]
escorpião (m)	**скарпіён** (м)	[skarpi'ʲon]
tartaruga (f)	**чарапаха** (ж)	[tʃara'paha]
rã (f)	**жаба** (ж)	['ʒaba]
sapo (m)	**рапуха** (ж)	[ra'puha]
crocodilo (m)	**кракадзіл** (м)	[kraka'dʑil]

93. Insetos

inseto (m)	**насякомае** (н)	[nasʲa'kɔmae]
borboleta (f)	**матылёк** (м)	[matɨ'lʲok]
formiga (f)	**мурашка** (ж)	[mu'raʃka]
mosca (f)	**муха** (ж)	['muha]
mosquito (m)	**камар** (м)	[ka'mar]
escaravelho (m)	**жук** (м)	['ʒuk]
vespa (f)	**аса** (ж)	[a'sa]
abelha (f)	**пчала** (ж)	[ptʃa'la]
mamangava (f)	**чмель** (м)	['tʃmelʲ]
moscardo (m)	**авадзень** (м)	[ava'dzenʲ]
aranha (f)	**павук** (м)	[pa'vuk]
teia (f) de aranha	**павуціна** (ж)	[pavu'tsina]
libélula (f)	**страказа** (ж)	[straka'za]
gafanhoto-do-campo (m)	**конік** (м)	['kɔnik]
traça (f)	**матыль** (м)	[ma'tɨlʲ]
barata (f)	**таракан** (м)	[tara'kan]
carraça (f)	**клешч** (м)	['kleʃɕ]
pulga (f)	**блыха** (ж)	[blɨ'ha]
borrachudo (m)	**мошка** (ж)	['mɔʃka]
gafanhoto (m)	**саранча** (ж)	[saran'tʃa]
caracol (m)	**слімак** (м)	[sli'mak]
grilo (m)	**цвыркун** (м)	[tsvɨr'kun]
pirilampo (m)	**светлячок** (м)	[svetlʲa'tʃɔk]
joaninha (f)	**божая кароўка** (ж)	[bɔʒaʲa ka'rɔwka]
besouro (m)	**хрушч** (м)	['hruʃɕ]
sanguessuga (f)	**п'яўка** (ж)	['pʔʲawka]
lagarta (f)	**вусень** (м)	['vusenʲ]
minhoca (f)	**чарвяк** (м)	[tʃar'vʲak]
larva (f)	**чарвяк** (м)	[tʃar'vʲak]

FLORA

94. Árvores

árvore (f)	**дрэва** (н)	['drɛva]
decídua	**ліставое**	[lista'vɔe]
conífera	**хвойнае**	['hvɔjnae]
perene	**вечназялёнае**	[vetʃnazʲa'lʲonae]
macieira (f)	**яблыня** (ж)	['ʲablɨnʲa]
pereira (f)	**груша** (ж)	['ɦruʃa]
cerejeira (f)	**чарэшня** (ж)	[tʃa'rɛʃnʲa]
ginjeira (f)	**вішня** (ж)	['viʃnʲa]
ameixeira (f)	**сліва** (ж)	['sliva]
bétula (f)	**бяроза** (ж)	[bʲa'rɔza]
carvalho (m)	**дуб** (м)	['dup]
tília (f)	**ліпа** (ж)	['lipa]
choupo-tremedor (m)	**асіна** (ж)	[a'sina]
bordo (m)	**клён** (м)	['klʲon]
espruce-europeu (m)	**елка** (ж)	['elka]
pinheiro (m)	**сасна** (ж)	[sas'na]
alerce, lariço (m)	**лістоўніца** (ж)	[lis'tɔwnitsa]
abeto (m)	**піхта** (ж)	['pihta]
cedro (m)	**кедр** (м)	['kedr]
choupo, álamo (m)	**таполя** (ж)	[ta'pɔlʲa]
tramazeira (f)	**рабіна** (ж)	[ra'bina]
salgueiro (m)	**вярба** (ж)	[vʲar'ba]
amieiro (m)	**вольха** (ж)	['vɔlʲha]
faia (f)	**бук** (м)	['buk]
ulmeiro (m)	**вяз** (м)	['vʲas]
freixo (m)	**ясень** (м)	['ʲasenʲ]
castanheiro (m)	**каштан** (м)	[kaʃ'tan]
magnólia (f)	**магнолія** (ж)	[maɦ'nɔliʲa]
palmeira (f)	**пальма** (ж)	['palʲma]
cipreste (m)	**кіпарыс** (м)	[kipa'rɨs]
mangue (m)	**мангравае дрэва** (н)	['manɦravae 'drɛva]
embondeiro, baobá (m)	**баабаб** (м)	[baa'bap]
eucalipto (m)	**эўкаліпт** (м)	[ɛwka'lipt]
sequoia (f)	**секвоя** (ж)	[sek'vɔʲa]

95. Arbustos

arbusto (m)	**куст** (м)	['kust]
arbusto (m), moita (f)	**хмызняк** (м)	[hmɨz'nʲak]

videira (f)	**вінаград** (м)	[vina'ɦrat]
vinhedo (m)	**вінаграднік** (м)	[vina'ɦradnik]
framboeseira (f)	**маліны** (ж мн)	[ma'linɨ]
groselheira-preta (f)	**чорная парэчка** (ж)	['ʧornaʲa pa'rɛʧka]
groselheira-vermelha (f)	**чырвоная парэчка** (ж)	[ʧɨr'vɔnaʲa pa'rɛʧka]
groselheira (f) espinhosa	**агрэст** (м)	[aɦ'rɛst]
acácia (f)	**акацыя** (ж)	[a'kaʦɨʲa]
bérberis (f)	**барбарыс** (м)	[barba'rɨs]
jasmim (m)	**язмін** (м)	[ʲaz'min]
junípero (m)	**ядловец** (м)	[ʲad'lɔveʦ]
roseira (f)	**ружавы куст** (м)	['ruʒavɨ kust]
roseira (f) brava	**шыпшына** (ж)	[ʃɨp'ʃɨna]

96. Frutos. Bagas

fruta (f)	**фрукт, плод** (м)	['frukt], [plot]
frutas (f pl)	**садавіна** (ж)	[sada'vina]
maçã (f)	**яблык** (м)	['ʲablɨk]
pera (f)	**груша** (ж)	['ɦruʃa]
ameixa (f)	**сліва** (ж)	['sliva]
morango (m)	**клубніцы** (ж мн)	[klub'niʦɨ]
ginja (f)	**вішня** (ж)	['viʃnʲa]
cereja (f)	**чарэшня** (ж)	[ʧa'rɛʃnʲa]
uva (f)	**вінаград** (м)	[vina'ɦrat]
framboesa (f)	**маліны** (ж мн)	[ma'linɨ]
groselha (f) preta	**чорныя парэчкі** (ж мн)	['ʧɔrnɨʲa pa'rɛʧki]
groselha (f) vermelha	**чырвоныя парэчкі** (ж мн)	[ʧɨr'vɔnɨʲa pa'rɛʧki]
groselha (f) espinhosa	**агрэст** (м)	[aɦ'rɛst]
oxicoco (m)	**журавіны** (ж мн)	[ʒura'vinɨ]
laranja (f)	**апельсін** (м)	[apelʲ'sin]
tangerina (f)	**мандарын** (м)	[manda'rɨn]
ananás (m)	**ананас** (м)	[ana'nas]
banana (f)	**банан** (м)	[ba'nan]
tâmara (f)	**фінік** (м)	['finik]
limão (m)	**лімон** (м)	[li'mɔn]
damasco (m)	**абрыкос** (м)	[abrɨ'kɔs]
pêssego (m)	**персік** (м)	['persik]
kiwi (m)	**ківі** (м)	['kivi]
toranja (f)	**грэйпфрут** (м)	[ɦrɛjp'frut]
baga (f)	**ягада** (ж)	['ʲaɦada]
bagas (f pl)	**ягады** (ж мн)	['ʲaɦadɨ]
arando (m) vermelho	**брусніцы** (ж мн)	[brus'niʦɨ]
morango-silvestre (m)	**суніцы** (ж мн)	[su'niʦɨ]
mirtilo (m)	**чарніцы** (ж мн)	[ʧar'niʦɨ]

97. Flores. Plantas

flor (f)	**кветка** (ж)	['kvetka]
ramo (m) de flores	**букет** (м)	[bu'ket]
rosa (f)	**ружа** (ж)	['ruʒa]
tulipa (f)	**цюльпан** (м)	[ʦʉlʲ'pan]
cravo (m)	**гваздзік** (м)	[ɦvazʲ'ʣik]
gladíolo (m)	**гладыёлус** (м)	[ɦladɨ'ʲolus]
centáurea (f)	**валошка** (ж)	[va'lɔʃka]
campânula (f)	**званочак** (м)	[zva'nɔʧak]
dente-de-leão (m)	**дзьмухавец** (м)	[ʦʲmuha'veʦ]
camomila (f)	**рамонак** (м)	[ra'mɔnak]
aloé (m)	**альяс** (м)	[a'lʲas]
cato (m)	**кактус** (м)	['kaktus]
fícus (m)	**фікус** (м)	['fikus]
lírio (m)	**лілея** (ж)	[li'leʲa]
gerânio (m)	**герань** (ж)	[ɦe'ranʲ]
jacinto (m)	**гіяцынт** (м)	[ɦiʲa'ʦɨnt]
mimosa (f)	**мімоза** (ж)	[mi'mɔza]
narciso (m)	**нарцыс** (м)	[nar'ʦɨs]
capuchinha (f)	**настурка** (ж)	[na'sturka]
orquídea (f)	**архідэя** (ж)	[arhi'dɛʲa]
peónia (f)	**півоня** (ж)	[pi'vɔnʲa]
violeta (f)	**фіялка** (ж)	[fi'ʲalka]
amor-perfeito (m)	**браткі** (мн)	['bratki]
não-me-esqueças (m)	**незабудка** (ж)	[neza'butka]
margarida (f)	**маргарытка** (ж)	[marɦa'rɨtka]
papoula (f)	**мак** (м)	['mak]
cânhamo (m)	**каноплі** (мн)	[ka'nɔpli]
hortelã (f)	**мята** (ж)	['mʲata]
lírio-do-vale (m)	**ландыш** (м)	['landɨʃ]
campânula-branca (f)	**падснежнік** (м)	[pat'sneʒnik]
urtiga (f)	**крапіва** (ж)	[krapi'va]
azeda (f)	**шчаўе** (н)	['ʃɕawe]
nenúfar (m)	**гарлачык** (м)	[ɦar'laʧɨk]
feto (m), samambaia (f)	**папараць** (ж)	['paparaʦʲ]
líquen (m)	**лішайнік** (м)	[li'ʃajnik]
estufa (f)	**аранжарэя** (ж)	[aranʒa'rɛʲa]
relvado (m)	**газон** (м)	[ɦa'zɔn]
canteiro (m) de flores	**клумба** (ж)	['klumba]
planta (f)	**расліна** (ж)	[ras'lina]
erva (f)	**трава** (ж)	[tra'va]
folha (f) de erva	**травінка** (ж)	[tra'vinka]

folha (f)	**ліст** (м)	['list]
pétala (f)	**пялёстак** (м)	[pʲa'lʲostak]
talo (m)	**сцябло** (н)	[sʦʲab'lɔ]
tubérculo (m)	**клубень** (м)	['klubenʲ]
broto, rebento (m)	**расток** (м)	[ras'tɔk]
espinho (m)	**калючка** (ж)	[ka'lʉʧka]
florescer (vi)	**цвісці**	[ʦʲvis'ʦi]
murchar (vi)	**вянуць**	['vʲanuʦʲ]
cheiro (m)	**пах** (м)	['pah]
cortar (flores)	**зразаць**	[zra'zaʦʲ]
colher (uma flor)	**сарваць**	[sar'vaʦʲ]

98. Cereais, grãos

grão (m)	**зерне** (н)	['zerne]
cereais (plantas)	**зерневыя расліны** (ж мн)	[zernevɨʲa ra'slinɨ]
espiga (f)	**колас** (м)	['kɔlas]
trigo (m)	**пшаніца** (ж)	[pʃa'niʦa]
centeio (m)	**жыта** (н)	['ʒɨta]
aveia (f)	**авёс** (м)	[a'vʲos]
milho-miúdo (m)	**проса** (н)	['prɔsa]
cevada (f)	**ячмень** (м)	[ʲaʧ'menʲ]
milho (m)	**кукуруза** (ж)	[kuku'ruza]
arroz (m)	**рыс** (м)	['rɨs]
trigo-sarraceno (m)	**грэчка** (ж)	['ɦrɛʧka]
ervilha (f)	**гарох** (м)	[ɦa'rɔh]
feijão (m)	**фасоля** (ж)	[fa'sɔlʲa]
soja (f)	**соя** (ж)	['sɔʲa]
lentilha (f)	**сачавіца** (ж)	[saʧa'viʦa]
fava (f)	**боб** (м)	['bɔp]

PAÍSES DO MUNDO

99. Países. Parte 1

Afeganistão (m)	**Афганістан**	[afɦani'stan]
África do Sul (f)	**Паўднёва-Афрыканская Рэспубліка**	[paw'dnʲova afrɨ'kanskaʲa rɛs'publika]
Albânia (f)	**Албанія**	[al'baniʲa]
Alemanha (f)	**Германія**	[ɦer'maniʲa]
Arábia (f) Saudita	**Саудаўская Аравія**	[sa'udawskaʲa a'rawiʲa]
Argentina (f)	**Аргенціна**	[arɦen'ʦina]
Arménia (f)	**Арменія**	[ar'meniʲa]
Austrália (f)	**Аўстралія**	[aw'straliʲa]
Áustria (f)	**Аўстрыя**	['awstrɨʲa]
Azerbaijão (m)	**Азербайджан**	[azerbaj'ʤan]
Bahamas (f pl)	**Багамскія астравы**	[ba'ɦamskiʲa astra'vɨ]
Bangladesh (m)	**Бангладэш**	[banɦla'dɛʃ]
Bélgica (f)	**Бельгія**	['belʲɦiʲa]
Bielorrússia (f)	**Беларусь**	[bela'rusʲ]
Bolívia (f)	**Балівія**	[ba'liviʲa]
Bósnia e Herzegovina (f)	**Боснія і Герцагавіна**	['bɔsniʲa i ɦerʦaɦa'vina]
Brasil (m)	**Бразілія**	[bra'ziliʲa]
Bulgária (f)	**Балгарыя**	[bal'ɦarɨʲa]
Camboja (f)	**Камбоджа**	[kam'bɔʤa]
Canadá (m)	**Канада**	[ka'nada]
Cazaquistão (m)	**Казахстан**	[kazah'stan]
Chile (m)	**Чылі**	['ʧɨli]
China (f)	**Кітай**	[ki'taj]
Chipre (m)	**Кіпр**	['kipr]
Colômbia (f)	**Калумбія**	[ka'lumbiʲa]
Coreia do Norte (f)	**Паўночная Карэя**	[paw'nɔʧnaʲa ka'rɛʲa]
Coreia do Sul (f)	**Паўднёвая Карэя**	[paw'dnʲovaʲa ka'rɛʲa]
Croácia (f)	**Харватыя**	[har'vatɨʲa]
Cuba (f)	**Куба**	['kuba]
Dinamarca (f)	**Данія**	['daniʲa]
Egito (m)	**Егіпет**	[e'ɦipet]
Emirados Árabes Unidos	**Аб'яднаныя Арабскія Эміраты**	[abˀʲad'nanɨʲa a'rapskiʲa ɛmi'ratɨ]
Equador (m)	**Эквадор**	[ɛkva'dɔr]
Escócia (f)	**Шатландыя**	[ʃat'landɨʲa]
Eslováquia (f)	**Славакія**	[sla'vakiʲa]
Eslovénia (f)	**Славенія**	[sla'veniʲa]
Espanha (f)	**Іспанія**	[is'paniʲa]
Estados Unidos da América	**Злучаныя Штаты Амерыкі**	[zluʧanɨʲa ʃ'tatɨ a'merɨki]

Estónia (f)	**Эстонія**	[ɛs'tɔniʲa]
Finlândia (f)	**Фінляндыя**	[fin'lʲandɨʲa]
França (f)	**Францыя**	['frantsɨʲa]

100. Países. Parte 2

Gana (f)	**Гана**	['ɦana]
Geórgia (f)	**Грузія**	['ɦruziʲa]
Grã-Bretanha (f)	**Вялікабрытанія**	[vʲalikabrɨ'taniʲa]
Grécia (f)	**Грэцыя**	['ɦrɛtsɨʲa]
Haiti (m)	**Гаіці**	[ɦa'itsi]
Hungria (f)	**Венгрыя**	['venɦrɨʲa]
Índia (f)	**Індыя**	['indɨʲa]
Indonésia (f)	**Інданезія**	[inda'neziʲa]
Inglaterra (f)	**Англія**	['anɦliʲa]
Irão (m)	**Іран**	[i'ran]
Iraque (m)	**Ірак**	[i'rak]
Irlanda (f)	**Ірландыя**	[ir'landɨʲa]
Islândia (f)	**Ісландыя**	[is'landɨʲa]
Israel (m)	**Ізраіль**	[iz'railʲ]
Itália (f)	**Італія**	[i'taliʲa]
Jamaica (f)	**Ямайка**	[ʲa'majka]
Japão (m)	**Японія**	[ʲa'pɔniʲa]
Jordânia (f)	**Іарданія**	[iar'daniʲa]
Kuwait (m)	**Кувейт**	[ku'vejt]
Laos (m)	**Лаос**	[la'ɔs]
Letónia (f)	**Латвія**	['latviʲa]
Líbano (m)	**Ліван**	[li'van]
Líbia (f)	**Лівія**	['liviʲa]
Liechtenstein (m)	**Ліхтэнштэйн**	[lihtɛn'ʃtɛjn]
Lituânia (f)	**Літва**	[lit'va]
Luxemburgo (m)	**Люксембург**	[lʉksem'burɦ]
Macedónia (f)	**Македонія**	[make'dɔniʲa]
Madagáscar (m)	**Мадагаскар**	[madaɦas'kar]
Malásia (f)	**Малайзія**	[ma'lajziʲa]
Malta (f)	**Мальта**	['malʲta]
Marrocos	**Марока**	[ma'rɔka]
México (m)	**Мексіка**	['meksika]
Myanmar (m), Birmânia (f)	**М'янма**	['mʔʲanma]
Moldávia (f)	**Малдова**	[mal'dɔva]
Mónaco (m)	**Манака**	[ma'naka]
Mongólia (f)	**Манголія**	[man'ɦɔliʲa]
Montenegro (m)	**Чарнагорыя**	[ʧarna'ɦɔrɨʲa]
Namíbia (f)	**Намібія**	[na'mibiʲa]
Nepal (m)	**Непал**	[ne'pal]
Noruega (f)	**Нарвегія**	[nar'veɦiʲa]
Nova Zelândia (f)	**Новая Зеландыя**	['nɔvaʲa ze'landɨʲa]

101. Países. Parte 3

Países (m pl) Baixos	**Нідэрланды**	[nidɛr'landɨ]
Palestina (f)	**Палесцінская аўтаномія**	[pales'ʦinskaʲa awta'nɔmiʲa]
Panamá (m)	**Панама**	[pa'nama]
Paquistão (m)	**Пакістан**	[paki'stan]
Paraguai (m)	**Парагвай**	[paraɦ'vaj]
Peru (m)	**Перу**	[pe'ru]
Polinésia Francesa (f)	**Французская Палінезія**	[fran'ʦuskaʲa pali'neziʲa]
Polónia (f)	**Польшча**	['pɔlʲʃɕa]
Portugal (m)	**Партугалія**	[partu'ɦaliʲa]
Quénia (f)	**Кенія**	['keniʲa]
Quirguistão (m)	**Кыргызстан**	[kɨrɦɨ'stan]
República (f) Checa	**Чэхія**	['ʧɛhiʲa]
República (f) Dominicana	**Дамініканская Рэспубліка**	[damini'kanskaʲa rɛs'publika]
Roménia (f)	**Румынія**	[ru'mɨniʲa]
Rússia (f)	**Расія**	[ra'siʲa]
Senegal (m)	**Сенегал**	[sene'ɦal]
Sérvia (f)	**Сербія**	['serbiʲa]
Síria (f)	**Сірыя**	['sirɨʲa]
Suécia (f)	**Швецыя**	['ʃveʦɨʲa]
Suíça (f)	**Швейцарыя**	[ʃvej'ʦarɨʲa]
Suriname (m)	**Сурынам**	[surɨ'nam]
Tailândia (f)	**Тайланд**	[taj'lant]
Taiwan (m)	**Тайвань**	[taj'vanʲ]
Tajiquistão (m)	**Таджыкістан**	[taʤɨki'stan]
Tanzânia (f)	**Танзанія**	[tan'zaniʲa]
Tasmânia (f)	**Тасманія**	[tas'maniʲa]
Tunísia (f)	**Туніс**	[tu'nis]
Turquemenistão (m)	**Туркменістан**	[turkmeni'stan]
Turquia (f)	**Турцыя**	['turʦɨʲa]
Ucrânia (f)	**Украіна**	[ukra'ina]
Uruguai (m)	**Уругвай**	[uruɦ'vaj]
Uzbequistão (f)	**Узбекістан**	[uzʲbeki'stan]
Vaticano (m)	**Ватыкан**	[vatɨ'kan]
Venezuela (f)	**Венесуэла**	[venesu'ɛla]
Vietname (m)	**В'етнам**	[vˀet'nam]
Zanzibar (m)	**Занзібар**	[zanzi'bar]

www.ingramcontent.com/pod-product-compliance
Lightning Source LLC
Chambersburg PA
CBHW070827050426
42452CB00011B/2206
* 9 7 8 1 7 8 4 0 0 9 4 5 8 *